宇宙の実相　目次

一部　宇宙の実相

長い長い間、知りたいと思っていた事があった。それは宇宙の真理。何度もゴールが見えた気がしたが、何かが足りなかった。

私自身の執着が、全部消去された時、死角になっていた部分が透明になり、姿を現した。

まだまだ解明できない謎も多く、それは次回に譲ろうと思っている。

宇宙の真理を探究するのは、遊園地で遊ぶようなもので、次はどんな乗り物に乗ろうかと考えるだけでも楽しい。

「宇宙の真理・実相」などと大袈裟かも知れないが、日々暮らしていく上で柱となる考え方を持っていれば、何事が起きても、平常心を失わずにいられるようになる。

この度、十五年程前から読み込んでいた「ひふみ神示」に加え、「ホツマツタヱ」を知り得たことで、急速に、「ひふみ神示」の理解が進んだ。

更に、「百人一首」の核も、「ホツマツタヱ」であったと気が付いた。

「百人一首」の撰者、藤原定家の歌はよく知られていると思うが、別の解釈が隠されている。この歌を当時のままに、濁点を取り去り読んでみる。

「こぬひとを　まつほのうらの　ゆうなきに　やくやもしほの　みもこかれつつ」

「ゆう」と「言ふ」の違いはあるが、音としてはほとんど同じに聞こえるので、「ゆうなき」が「言うなき」に思えた。すると、その上にある「まつほのうら」が、「マツホの裏」であり、「マツホ」を逆様にして「ホツマ」となると気付く。

下の句も「焼くや文字穂《もしほ》の　身も焦がれつつ」と読めば、神代文字が焚書に遭った事実が浮き彫りにされる。

この事実から、「ホツマツタヱ」が偽書ではなく、また、神代文字も実在したと解るだろう。

今回の主旨からはずれてしまうので詳しい解説はしないが、「ホツマツタヱ」と「百人一首」を読み較べてみれば、一目瞭然に、同じ言葉を発見できる。

「ホツマツタヱ」が偽書でないことは、その内容が宇宙の真理を正しく把握させてくれるものであることからも、よく解る。

「ホツマツタヱ」は、オシテ文字と呼ばれる神代文字で書かれた日本の太古の歴史書であり、「クニトコタチ」から始まり景行天皇で終わっている。五七調の韻を踏む流れるような文体が美しい。が、幾通りにも解釈され得るようになっており、そのために読む者のレベルが問われる。

それは、「ひふみ神示」も同じだ。「ひふみ神示」は、八通りに読めるそうだ。

「ひふみ神示」は、岡本天明さんという方に、昭和十九年から昭和三十五年までの間に、自動書記という方法で降ろされた神示で、原文は、数字と記号という難解なものだ。その記号に「◎《ア》」と「◎《ワ》」という、オシテ文字と共通のものがある。

しかも、意味も同じで、「ア」は天を、「ワ」は地を現わし、「アワヤ」で天地人となる。「ひふみ神示」の理解を深めるには「ホツマツタエ」が必須だ。同じ霊統の神の記した書であろう。

ただし、「ホツマツタエ」には、伝言ゲーム的に、内容に多少の狂いがありそうだ。それは「ひふみ神示」をよく読めば解る。

この二書は、図書館などで読むことが可能なので、是非、原文を読んでほしい。原文には、神そのもののエネルギーが秘められている。手にすると、自分の波動（周波数、波形、波長など分子の変化状態）が変わる。

私達が住んでいる三次元の世界も、波動から出来ている。現代科学でも研究されているように、全てが、原子の繋がり方の違いと波動の違いによって形成されている。

周波数が上がれば次元が上がる。四次元、五次元と上に行けば行く程、軽く明るく微細になっていく。三次元物質は、重たく低い。

音の高低を思い浮かべると解り易い。周波数の高い音は、キーンと響き、低い音はゴーンと響く。

宇宙の法則の基本であり、図形や文字や言葉や数字、色にも固有の波動がある。

紙の上に砂を置き、声などで振動させると、波の模様ができる、という実験をテレビなどで見たことはないだろうか。あの波形こそが、全ての物の始まり。

「ひふみ神示」にいう「二二《ふじ》（普字）と鳴門《なると》（成答）」の仕組みだ。「普字」は普遍に存在する字、つまり、原子。成答は、渦であり派動であり、物質という答え。

四次元、五次元、六次元と、次元が上がれば、物質は、意識という形になっていく。意識が元であり、周波数を下げて物質化していく。波形や波長などが同じで、周波数だけが変化すると、五次元の意識が三次元にそのまま物質化する。

どんどん周波数を上げていくと、最後には一つの点へと集約するのだろう。

全ての光の色を混ぜると透明になるそうだ。

宇宙は、全てを内包する無。無から有を生み、有から無を生む。

透明から全色が生まれ、全色から透明が生まれる。

宇宙の一点は、陽と陰に別れて始めて、エネルギーの流れを創りだした。プラスからマイナスへ流れるエネルギー。

そこから、様々な分裂が起き、個別化が始まった。細胞分裂。

この基本形を現すのが、「ひふみ神示」のいう「五音・母音・あえおいう」であり、「ホツマツタヱ」では、五音がそれぞれ、「ウツホ（空）」「ホ（火・炎）」「ミツ（水）」「カゼ（風）」「ハニ（土・埴）」となる。

「ウツホ（空）」が宇宙の初期状態の点・空・無。

「ホ（火・炎）」が陽、「ミツ（水）」が陰。「カゼ（風）」がエネルギーの流れ。「ハニ（土・埴）」が物質化。

「ホツマツタヱ」の凄いところは、単なる「火」や「水」や「土」とせず、エネルギーの流れを示す「炎」や「埴」としたことだ。

「ひふみ神示」は五音を「御恩」とした。

つまり、神意識が人間を創った御恩を思いなさい、ということだろう。

「五十意図《タマイト》」も、五十音の神意識のことで日本語の一音一音が、神の波動そのものであるという。

「ホツマツタヱ」の「アワウタ」は、宇宙の成り立ちから創られたそうで、一音一音の順番が神々の創生を物語っているのではないだろうか。

アワウタ（アワノウタ）
アカハマナ　イキヒニミウク
フヌムエケ　ヘネメヲコホノ
モトロソヨ　オテレセヱツル
スユンチリ　シヰタラサヤワ

この四十八文字に世界の全てが包含されているそうだ。

この他、「ひふみ神示」が重要とする「ひふみ祝詞」がある。

ひふみ　よいむなや　こともちろらね　しきる　ゆゐつわぬ　そをたはくめか　うおえにさりへて　のますあせゑほれけ

「アワウタ」は五・七調のリズムで、「ひふみ祝詞」は、三五七になっている。

和歌は、五七五七七の構成になっているが「ひふみ神示」によると、このリズムが、天地のリズムと同じであり、祈りに利用すると天に通じ易くなるそうだ。

古来、和歌には多分に呪術的要素があった。もののふと呼ばれる武士達が、和歌を詠むには、それなりの理由があった。

勿論、皇族も同じで、五七律のエネルギーを利用して、願かけをしていたのだろう。五穀豊穣や天下泰平を願っていたのだと思う。

五十音も、「ひふみ神示」によると、順番が違っているようだ。

日本語は「ン(N)」以外に、子音のみで発音される音はない。言葉に「五音」つまり宇宙生成の基礎が含まれている。

日本語を正しく発音しているだけで、宇宙との繋がりが保たれている。

そんな馬鹿なと思うかもしれないが、「アワウタ」や「ひふみ祝詞」を、声に出して読んでみれば、浄化作用が起きて波動が整い世界が変わる。

今、一番大切なことは、自分の心をクリーニングすることだ。

十五年程前に「地球が胎動を始めた」というメッセージを受け取った。そろそろ、新しき地球が誕生するだろう。

「ひふみ神示」は、「大峠」と言い、「立て替え、建て直し」と説く。「立て替え」には大掃除が必要であり、今までの世のやり方は全て、逆様になるそうだ。

今までの世の中の何が逆様なのか。

例えば、経済が最優先とされ、自然環境や人の命までもないがしろにされてきたこと。我欲が強くなり過ぎて、自分の願望実現のためにのみ生きることが賞讃されていること。などがあるが、根本的には、自分の内なる神意識を忘れ、繋がりが希薄になり、中心にまつろわなくなってしまったことだろう。

「中心にまつろえ」とは、「ひふみ神示」にある言葉だが、全ての人間の内側に、神意識、あるいは中心核となる神格がある。

現代人の生活の中では、すっかり忘れ去られてしまっているが、「ホツマツタエ」の頃は、まだ、それが人間の人生にとっての最重要事項であると認識されていた。

「ひふみ神示」によると、五度の岩戸閉めが起きて、人々は、本来の自分を見失ってしまったのだという。

五度の岩戸閉めとは、

一、イザナギ・イザナミの時代
　ナミの神が火の神を産まれヨモツ国にお隠れになった。

二、天照大神が岩戸にお隠れになった。
　だまして出した天照大神はニセモノ

三、スサノオノミコトが、貶《おとし》められ、悪神とされた。
四、神武天皇の時代。
それまでは、スメラミコトは神だったが、自らを〝人皇〟と名乗らざるを得なくなった。
五、仏魔が渡り来て、仏教の世になった。

五度の岩戸閉めをよく読むと理解できると思うが、何らかの事件が起きて、元の神様が歪められてしまったということだろう。

イザナミが地に堕とされるのは、男性と女性が平等でなくなった社会の反映だろう。

本来は、男性が陽、女性が陰で、陽と陰が五と五で和合すると、新たな陽が生まれる。

女性を男性より下に貶めれば、男性も貶める結果となる。

陽と陰の正しい和合を歪めてしまったのだろう。

二つ目の天照大神は、「ホツマツタヱ」では男神とされている。イザナギ・イザナミの子息で〝アマテル〟と呼ばれている。

「ひふみ神示」が偽者と言っているのは、男神のはずが女神にされてしまったからだろう。

「太陽」は、陽が極まったという意味で、陽は男性性とすれば、男神の方がふさわしい。

それを、女神とすれば、天照大神のエネルギーを殺ぐ結果となるだろう。

三つ目、スサノオノミコトについては、「ひふみ神示」はこの世を創った神を貶めてはならない、と繰り返し、警告している。

「積もる積みを罪と間違えた」など、高次元から三次元へと、周波数を落とす役目の神様だったのではないだろうか。高次はより光り、低次はより暗く感じる。光を物質化させるエネルギーが、黒く見えて、悪神とされてしまったのかもしれない。

四つ目の、神武天皇は、「ホツマツタヱ」にも、初代人皇とある。神武天皇以前は、天皇名を漢字表記していない。ということは、歴史的な大事件が起きたのではないだろうか。

実際に何が起きたかは今後の研究を待つとして、神界では、スメラミコトの神としてのエネルギーが封じ込められた。

五つ目の仏魔も、仏教導入によって、神道のエネルギーを封印した。

三次元の現実に何が起きたかは解らないが、神界においては、元々の神のエネルギーを封印する事件だった。それを「岩戸閉め」という。

「ホツマツタヱ」では、他にも多くの神社で、神々がすり替えられている事実が、研究者によって解明されている。

「ひふみ神示」が言う通り、世の元の大本の神が表に出ていないとわかる。

世の元の神々のエネルギーを封じ込めた状態で、人間の生活が弥栄《いやさか》える方向に行かないのは無理もない。知らず知らずのうちに、逆様になっているのも道理だ。

そこに気付かなければ、地球は滅亡の道をたどる。

気付くためには、自分の心根をクリーニングしなければならない。

歪められ、封印されたのは、神社に祭られた神々ではなく、私達一人一人の人間なのだ。

私達の内に宿る神意識と、表面意識との間に、壁ができてしまった。分け隔てられてしまった。本来のエネルギーが分断されてしまった。その状態で生きていると、宇宙の根源から来る、本来の生き方、生きる意味、生きる目的などからはずれていってしまう。

ただ、闇雲に、目暗滅法、目標を見失ったまま生きているから未来の予測がつかず、自滅の道を歩いてきた。

単純に考えても解ること。例えば、川に毒物を流せばどうなるかすら解らずに、毒物を流し続け自分の生命を危険に曝《さら》してきた。

自然を破壊して、自分に何の影響もないと考える方が、どうかしていると思うが、そこに全く気が付いていない。人間自身が、自然の一部にしか過ぎないと理解できない。傲慢な自分を反省すらしない。

長い間、そういう状態が続いてしまったが、今こそ、元に戻る時だ。

そんなこと言われても、私には何もできない、と思われるかもしれないが、自分自身をクリーニングするだけで、地球全体もクリーニングされる。

そういった意味では、地球人類一人一人、全員が、地球を救うメシアになれる。

地球の未来がどうなるか、自分自身がどうなるか、他人や神の手の中にあるのではなく、自分の選択いかんにかかっている。

変な意地やプライドを捨てて、自分と向き合えば、何に拘わっているか、見えてくるはずだ。

どんなに、人のせいにしても、不幸になるのは人ではなく、自分だ。苦しいのは、人ではなく自分なのだ。

だからこそ、自分と向き合い、クリーニングしなければならない。今しなければ、これからもっと長い間、苦しみの中に身を置くようになる。一時の痛みから目をそらすと、痛みが大きくなってしまうだろう。病気や怪我の手当てが悪いと、後になって、うんだり、別の病気を誘発したりする。

どちらを選ぶかは、自由意思なので、誰も強制はしない。

宇宙の本質には、価値判断がない。人間の考える善悪、正邪の全てを内包した〝無〟だ。

神がいるのに、なぜ世の中が悪くなるのか。そんなの、神じゃない。神は完璧じゃない。

そう言ったご意見もよく聞くが、神には、人間のような価値判断が一かけらも存在しないので、善悪を超越して完璧なのだ。

そうでなければ、人間など、とうの昔に淘汰されているだろう。

人間が、好き勝手なことを考えて、泣いたり笑ったりできるのも、神に価値判断がないからだ。

その自由な個性を、様々なエネルギーを、細胞分裂するかのごとくに生み出してきたのが神なる宇宙だ。

人間も、最初は、精子と卵子の結合した一個の細胞だ。それが、どんどん細胞分裂をして、内臓や肉や骨が創られていく。宇宙全体でも、それと同じことが起き続けている。

元々一つだったものは、どこまで分裂しても、結局は、同じもののコピーとなっていく。細胞核が転写され続けていくからだ。

この細胞核の中に、初期状態の意識がある。

一個の人間が、その人の個性を保ち、本質に統一されている。そうでなければ、バラバラに存在する細胞が好き勝手な形を造っても、一個の人間という形状には成り得ない。

原初の意識が神格であり、その人の個性を決めている。

宇宙に存在するありとあらゆる全てのものは、一つから分裂し、最初の一つの意識を反映する。この、一なる存在の外に出ることはできない。これを、ワンネスと呼ぶ方が多いので、解りやすくするために、以降、ワンネスを使わせていただく。

「光の手」（バーバラ・アン・ブレナン著・河出書房新社）によると、人間のオーラは振動数の異なる七つのボディであり、層になっているというより、七つの別々のボディが一つに重なって存在しているという。

「ひふみ神示」は、宇宙は立体・立々体と形容する。そして、「七・七・七・・・・」と書かれていた。「光の手」によれば、チャクラも七つ、オーラボディも七つ。

「ひふみ神示」は中心の中にさらに中心があり、またさらに中心がある、という。

振動数の違う七つのボディは、それぞれ、違う次元の意識体そのものなのではないだろうか。

最奥がワンネスで、振動数を下げて違う世界を創り、さらに下げて違う世界を創る、というように、一つの空間に別の世界が重なりあって存在しているのが、宇宙なのではないだろうか。

この次元を縦軸として、全てのエネルギーを一つに通す円筒形の柱を天の御柱というのだろう。

天の御柱は、段階を経て、高次の意識を順々に低次に伝えていく。とはいっても、その速度は一瞬だろう。

痛みや不安はその高次からの意識をシャットアウトしてしまう。

人間と同じように、地球にも七つのボディがあるのだろう。そして、その一つの中に、地球の全記憶の層がありそうだ。もちろん、人間にもある。地球と人間の振動数の同じボディ間で、記憶が往き来しているのではないだろうか。記憶は〝カルマ〟とも言い換えられるようだが、人の考え方を大きく左右する。

どの記憶を引き出すかで、個人の性格が決まってくる。

どの次元にアクセスするかで、個人の人間性や器の大きさなどが、影響される。

表面意識の選択と、ワンネスからの情報が個人の運命を決めている。

よりよく生きるためには、痛みや不安といったネガティブな記憶に左右されないようになればいい。

人格者になりたければ、常に意識を高次元に合わせるようにすればいい。

誰でもその能力を持っている。自分がその気になるかならないか、が鍵だろう。

では、それができる人と、できない人の違いは何だろう。

宇宙的真実から言えば、違いなど、ない。

ただ、三次元の世界は個別を楽しむために創られていて、多様なバリエーションを生み出すためには、悪もまた、必要になってくる。

真善美は偽悪醜と裏表であり、光と闇もまた、双方を引き立て合う。

「真上からの光は、影を作らない」と「ひふみ神示」の言うように、天の御柱からまっ直ぐ降りてくる神意識は、最終的には、全てを喜びへと導く。天の御柱は、目には見えないが、全ての人間の中心を通っており、天と地と人を結んでいる。

人間の本質は、光であり愛であり、溢れ出る喜びのエネルギーだ。

性悪説は、人間を貶める罠だろう。

三次元を楽しむために、三次元を味わうために、アドベンチャーとなってやってきた身魂達が、アトラクションを本物と思い込みすぎて、ちょっぴりはまってしまっただけで中心核がある限り、いつかは必ず思い出して元の自分に返っていく。

もう大丈夫。自分を許してあげてほしい。

根っから悪い人なんて、一人もいないから。

イルカが、霊性が高く、ヒーリング能力があるのは、近頃ではよく知られているが、イルカ達は本当に無邪気で、愛に溢れていて何の押し付けもない。

人間も本来はそういう性質を持っている。

イルカは、今の自分を疑ったり、責めたりしない。いわしを食べるのも、悪いこととは思っていない。それが、自分に与えられた生きる糧であるから、そこに罪悪感は何もない。

単純に生きている今の自分を楽しんでいる。

人間も、明日どうなるかを考えるより、今どんな状況でも、生きているなら、生きている今を楽しめば、苦しみが半減する。

夢も希望も無くなって、投げやりになるより、とりあえず、今生きている生命を大切にすれば、明日の生命へと繋ぐことができる。

自信を持とう、人に認めさせよう、と思っても、思うようにならず、自分を傷つけてしまう。それよりも、むしろ、自分の不安や痛みをクリーニングする方法を選べば、心が穏やかになり、人にどう思われても気にはならなくなる。それこそが、本当の意味の自信だろう。

そうなると、それまでどんなに、人に認めてもらおうとしても駄目だったことでも、人の方から寄ってきて賞賛してくれるようになる。

心の向きを外から内へ変えるだけで、現実の世界も一八〇度変容する。人にどう思われるかよりも、自分が自分をどう思うか。そこを変えるだけで、人の態度も変わる。

我欲を助長するのではない。内なる神格と繋がると、小さな我欲ではない、全体との調和がとれ、向上したいという欲が生まれる。

他人との比較ではない自分への賞讃も生じる。

自分を愛し、自分をほめ讃える事が、神を愛し、崇拝する想いと一つになっていれば、全体を愛し崇拝するのと同じになる。

全体から離れ、自分一人を特別のものとして愛し崇拝すれば、それは自惚れとなる。小さな己の我欲のみを満足させ、全体との調和がとれない。

真に自分を愛すれば愛するほど、全体を愛さずにはいられない。自己愛は、本当に自分を愛していないところに端を発している。

例えば、恋愛においても、真の愛ならばそれを受け入れない人はいない。自己愛の押し付けならば、相手は逃げていってしまう。

家族間においても同じことだ。子供が言うことを聞かないのは、自己愛を押し付けて、無理に従わせようとするからだろう。

宇宙の本当の姿を理解すると、我欲から離れ愛に満たされ、無邪気な心で、ごく普通の日常生活が送れるようになる。

聖人君子になる必要はない。どんな仕事をしていても、どんな考えを持っていても、いいも悪いもない。

今、生きているだけで、充分幸せでいられる。死でさえも、時の流れのままに受け入れられる。三次元の肉体を離れても、別次元の身体を持ち、生きていく。

多次元のオーラボディを持っているのは、同時に多次元に存在しているということだろう。三次元だけが人の生きる場ではない。

それが理解できれば、死も超越できる。

そして、今のこの瞬間を一〇〇%味わい、楽しめるようになる。

（ひふみ神示より抜粋）

第九十四帖　（六〇五）

落ちてゐた神々様、元へお帰りなさねばこの世は治まらんのであるぞ。一人一人ではいくら力ありなされても物事成就せんぞ。それは地獄の悪のやり方。一人一人は力弱くとも一つに和して下されよ。二人寄れば何倍か、三人寄れば何十倍もの光出るぞ。それが天国のまことのやり方、善のやり方、善人、千人力のやり方ぞ。誰でも死んでから地獄へ行かん。地獄は無いのであるから行けん道理ぢやなぁ。曲つて世界を見るから、大取違ふから曲つた世界つくり出して、自分で苦しむのぢや。其処に幽界出来るのぢや。有りてなき世界、有つてならん。（一月三日）

第七十五帖（五八六）

戦や天災では改心出来ん。三千世界の建直しであるから、誰によらん。下の神々様もアフンの仕組で、見事成就さすのであるが、よく神示読めば、心でよめば、仕組九分通りは判るのであるぞ。死ぬ時の想念がそのままつづくのであるから、その想念のままの世界に住むのであるぞ。この世を天国として暮す人天国へ行くぞ。地獄の想念、地獄生むぞ。真理を知ればよくなるぞ。そんなこと迷信と申すが、求めて見なされ。百日一生懸命求めてみなされ。必ずおかげあるぞ。神があるから光がさして嬉し嬉しとなるのであるぞ。（一月三日）一二十

第十五帖（二五一）

この方の道、悪ざと思ふなら、出て御座れ、よきかわるきか、はつきりと得心ゆくまで見せてやるぞ。何事も得心させねば、根本からの掃除は出来んのざぞ、役員気つけて呉れ。皆和合して呉れよ。わるき言葉、息吹が此方一番邪魔になるぞ、苦労なしにはマコト判らんぞ、慾はいらぬぞ、慾出したら曇るぞ。めくらになるぞ、おわびすればゆるしてやるぞ、天地に御無礼ない臣民一人もないのざぞ。病治してやるぞ、神息吹つくりてやれよ、神いぶきとは一二三書いた紙、神前に供へてから分けてやるもののことざぞ。腹立つのは慢心からぞ、守護神よくなれば肉体よくなるぞ、善も悪も分らん世、闇の世と申すぞ。天照皇太神宮様の岩戸開きは、だました、間違ひの岩戸開きぞ、無理にあけた岩戸開きざから、開いた神々様に大きなメグリあるのざぞ、今度はメグリだけのことはせなならんぞ、神にはわけへだて無いのざぞ、今度の岩戸開きはちっとも間違ひない、まぢりけのない、マコトの神の息吹でひらくのざぞ。まぢりありたら、にごり少しでもありたら、またやり直しせなならんからくどうきつけてゐるのざぞ。何時迄もかわらんマコトでひらくのざぞ。一月十四日、旧十一月三十日、⦿の一二⦿。

第三十四帖（一七一）

神は言波ぞ、言波とはまことぞ、いぶきぞ、道ぞ、まこととはまつり合はした息吹ぞ、言葉で天地にごるぞ、言波で天地澄むぞ、戦なくなるぞ、神国になるぞ、言波ほど結構な恐いものないぞ。十月十日、あめの一二か三。

第二十一帖

言葉は生れ出るものぢや。先づ言葉され、歌となり、文章となり、また絵画となり、彫刻となり、建築となり、又音楽となり、舞踊となり、あらゆる芸術の元となるのであるぞ。神に通ずればこそ、愛であり、真であり、善であり、美であり、喜びであるぞ、喜びなきものは芸術でないぞ。今の芸術は死の芸術、魔の芸術。

第二十二帖

アとオとウとは天人の言《コトバ》、アとエとイは天使の言《コトバ》、人民に与へられた元の言《コトバ》であるぞ、五柱の元つ太神が十柱の夫婦神と現われ十柱の子《みこ》と交って五十神と現はれるのぢや。故に五十神の中の三十二神は新しく生れるのぢや、更に二十七神とはたらき又二十五有法とはたらくぞ。

第二十帖

人民が正しく言葉すれば霊も同時に言霊するぞ、神も応へ給ふのであるぞ。始め言葉の元があるぞ、ムムムムムウウウウウヽヽヽヽヽアと現はれるぞ、神の現はれであるぞ、言葉は神をたゝへるものぞ、マコトを伝へるものぞ、倶《とも》に鳴り、倶に栄えるものぞ。

第二十六帖（一九九）

㋰、㋒、㋒、㋒、うにアエオイウざぞ。昔の世の元ぞ。㋐、㋳、㋻、ヤ、ワあるぞ、世の元ぞ。サタナハマからあるぞ。一柱、二柱、三柱、五柱、七柱、八柱、九柱、十柱、と申してあろがな。五十九の神、七十五柱これで判りたか。㋰はヽざぞ。ヽには表裏上下あるのざぞ。冬の先春とばかりは限らんと申してあること忘れるなよ。用意せよ、冬に桜咲くぞ。十一月二十二日、ひつ九⦿

第二十六帖（二二六）

「あ」の身魂とは天地のまことの一つの掛替ない身魂ぞ、「や」とはその左の身魂「わ」とは右の身魂ぞ、「や」には替へ身魂や⃝あるぞ、「わ」には替へ身魂わ⃝あるぞ、「あ」も「や」

も「わ」も㋳も㋻も一つのものぞ。みたま引いた神かかる臣民を集めるから急いで呉れるなよ、今に分かるから、それまで見てゐて呉れよ。「い」と「う」はその介添の身魂、その魂と組みて「え」と「を」、「ゑ」と「お」が生まれるぞ、いづれは分ることざから、それまで待ちて呉れよ。言ってやりたいなれど、今言っては仕組成就せんから、邪魔はいるから、身魂掃除すれば分かるから、早う身魂洗濯して呉れよ。神祀るとはお祭りばかりでないぞ、神にまつらふことぞ、神にまつらふとは神にまつはりつくことぞ、神に従ふことぞ、神にまつはりつくとは、子が親にまつはることぞ、神に従ふことぞ、神にまつらふには洗濯せなならんぞ、洗濯すれば神かかるぞ、神かかれば何もかも見通しぞ、それで洗濯洗濯と臣民耳にたこ出来るほど申してゐるのざ。七月の一日　ひつくのかみの道ひらけあるぞ。

第十九帖

人民もの言わなくなると申してあろうが、ものが今迄のようにものを言わなくなり、マコトの世となるぞ、天人の言葉はマコトであるから、只一言で万語を伝へ得るぞ。言葉の生命は愛であり、真であるから、真愛から発しない言葉はマコトの言葉でないぞ。子音と母音と組み組み父音の気を入れて始めて言葉となるのぢや、今の人民のは言葉でないぞ、日本の古

〈光〉語がマコトの言葉ぞ、言霊ぞ、数霊と倶に弥栄ゆく仕組。

第五帖（二一八）

右《みぎり》に行かんとする者と左りに行かんとするものと結ぶのが◎の神様ぞ、◎の神様とは素盞鳴の大神様ざぞ、この御用《はたらき》によりて生命あれるのぞ、力生れるのぞ、◎がまつりであるぞ、神国の祀◎であるぞ、神はその全き姿ぞ、神の姿ぞ。男の魂は女、女の魂は男と申して知らしてあろがな。十二月三日、ひつ九のかみ。

第二帖

フトマニとは大宇宙の法則であり秩序であるぞ、神示では０１２３４５６７８９１０と示し、その裏に１０９８７６５４３２１０があるぞ、◯九十《マコト》の誠であるぞ、合せて二十二、富士（普字《フジ》・不二）であるぞ。神示の始めに示してあろう。二二（富士）は晴れたり日本晴ぞ。

第二帖

ナルの仕組とは成十（七◎十）の経綸であるぞ、八が十になる仕組、岩戸（言答）ひらく仕組、今迄は中々判らなんだのであるが、時節が来て、岩戸がひらけて来たから、見当つくであろう、富士（二二・普字）と鳴門（七◎十・成答）の仕組、結構致しくれよ。

第二十帖（五三一）

動かんふじの仕組のなるとの仕組。ことたま、かずたま、ひふみ、いろたまいろは。かのととり。ひつ九十

第十六帖

太陽は十の星を従へるぞ、原子も同様であるぞ。物質が変るのであるぞ、人民の学問や智では判らん事であるから早う改心第一ぞ、二二と申すのは天照大神殿の十種の神宝にテンを入れることであるぞ、これが一厘の仕組。二二となるであろう、これが富士の仕組、七から八から鳴り鳴りて十となる仕組、なりなりあまるナルトの仕組。富士（不二）と鳴門（成答）の仕組いよいよぞ、これが判りたならば、どんな人民も腰をぬかすぞ。一方的に一神でものを生むこと出来るのであるが、それでは終りは完う出来ん、九分九厘でリンドマリぞ、神道も仏教もキリスト教もそうであろうがな、卍《ぶつ》も十《キリスト》もすっかり助けると申してあろうがな、助

かるには助かるだけの用意が必要ぞ。用意はよいか。このこと大切ごと、気つけおくぞ。なりなりなりて十とひらき、二十二となるぞ、富士（普字）晴れるぞ、大真理世に出るぞ、新しき太陽が生れるのであるぞ。

第十六帖（七五七）

統一と云ふことは赤とか白とか一色にすることではないぞ。赤もあれば黄もあり青もあるぞ。それぞれのものは皆それぞれであつて一点の〻でくくる所に統一あるぞ。くくると申してしばるのでないぞ。磁石が北に向くよう、総て一点に向うことであるぞ。これを公平と申し、平等と申すのぢや。悪平等は悪平等。一色であつてはならんのう。下が上に、上が下にと申してあるが、一度で治まるのでないぞ。幾度も幾度も上下にひつくりかへり、又ひつくりかへりビックリぢや。ビックリこねまわしぢや。

第十一帖

自由も共産も共倒れ、岩戸がひらけたのであるから元の元の元のキの道でなくては、タマ（玉）の道でなくては立ちては行かん、動かん二二（普字・富士）の仕組、ひらけて渦巻く鳴門《ナルト》（七◎十・成答）ぢや。新しき人民の住むところ、霊界と現界の両面をもつ所、この岩戸ひらきて二度とない九十（光透）でひらく仕組。

第二十八帖（七〇）

またたきの間に天地引繰り返る様な大騒動が出来るから、くどう気つけてゐるのざ、さあといふ時になりてからでは間に合はんぞ、用意なされよ。戦の手伝ひ位なら、どんな神でも出来るのざが、この世の大洗濯は、われよしの神ではよう出来んぞ。この方は元のままの身体《からだ》持ちてゐるのざから、いざとなれば何んなことでもして見せるぞ。仮名ばかりの神示と申して馬鹿にする臣民も出て来るが、仕まひにはその仮名に頭下げて来ねばならんぞ、かなとは◉《カミ》の七《ナ》ぞ、神の言葉ぞ。今の上の臣民、自分で世の中のことやりてゐるように思うているが、みな神がばかして使ってゐるのに気づかんか、気の毒なお役も出て来るから、早う改心して呉れよ。年寄や女や盲、聾ばかりになりても、まだ戦やめず、神の国の人だねの無くなるところまで、やりぬく悪の仕組もう見て居れんから、神はいよいよ奥の手出すから、奥の手出したら、今の臣民ではようこたえんから、身魂くもりてゐるから、それでは虻蜂取らずざから、早う改心せよと申してゐるのぞ、このことよく心得て下されよ、神せけるぞ。

八月二日、ひつ九のか三。

第九帖

天の5を地にうつすと地の五則となるのぢや、天の大神は指を折りて数《かぞ》へ給ふたのであるぞ、天の大神の指も五本であるから、それを五度折りて二十五有法となされ、五十をもととされたのぢや、神々、神心、神理、神気、神境であるぞ、この交叉弥栄は限りなし、これを五鎮と申すのであるぞ。上天、下地、照日、輝月、光星、これを五極と申すぞ。東木、南火、中土、西金、北水、これを五行と申す。裸物、毛物、羽物、鱗物、甲物を五生と申し、文則、武則、楽則、稼則、用則を五法と申すのじやが、それだけでは足りない、その中に〇があるのぢや、大神がましますのぢや、人民の頭では中々に理解出来んなれど、理解して下されよ。これが妙であるぞ、奇であるぞ、天の父の教であり、地にうつした姿であるぞ。

第十帖（三三〇）

元津大神、心の中で唱へ奉り、スメラミコト唱へ、次に声高く天津日嗣皇ミコト大神唱へ、天のひつくの大神と唱へ奉れ。タマの宮は、かむながら祝詞でよいぞ。一二三《ひふみ》のりともよいぞ、シメは当分造りめぐらしてもよいぞ。今までのシメは此の方等しめて、悪の自由にする逆のシメざから、シメ張るなら、元のシメ、誠のシメ張れよ。七五三は逆さぞ。三五七ざぞ。天地のいぶきぞ。波の律ぞ。風の律ぞ。神神様のおんいぶきの律《なみ》ざぞ。八月の六日、アメのひつ九の神。

第十一帖（二六八）

一二三《ひふみ》とは限りなき弥栄であるぞ。一は始めなき始であるぞ、ケは終りなき終りであるぞ、神の能《はたらき》が一二三であるぞ、始なく終なく弥栄の中今《なかいま》ぞ。一二三は神の息吹であるぞ、一二三唱えよ、神人共に一二三唱へて岩戸開けるのざぞ、一二三にとけよ、一二三と息せよ、一二三着よ、一二三食《お》せよ、始め一二三あり、一二三は神ぞ、一二三は道ぞ、一二三は祓ひ清めぞ、祓ひ清めとは弥栄ぞ、神の息ぞ、てんし様の息ぞ、臣民の息ぞ、けもの、草木の息ぞ。一であるぞ、二であるぞ、三であるぞ、ケであるぞ、レであるぞ、ホであるぞ、◎であるぞ、◎であるぞ。皆の者に一二三唱へさせよ、五柱御働きぞ、八柱十柱御働きぞ、五十連ぞ、意露波（いろは）ぞ、判りたか。三月十四日、ひつ九ノか三。

第十三帖（三二二）

あら楽し、すがすがし、世は朝晴れたり、昼晴れたり、夜も晴れたり。あらたのし、すがすがし、世は岩戸明けたり、待ちに待ちし岩戸開けたり、此の神示の臣民と云ふても、人間界ばかりでないぞ。神界幽界のことも言ふて知らしてあると、申してあろが。取違ひ慢心一等恐いと申してあろが。祭典《まつり》、国民服もんぺでもよいぞ。天明まつりの真似するでないぞ。役員まつりせい。何も云ふでないぞ。言ふてよい時は知らすぞよ、判りたか。仕へる者無き宮、産土様の横下にいくら祀ってもよいぞ。天明は祈れ。祈れ。天に祈れ、地に祈れ、引潮の時引けよ。満潮の時進めよ。大難小難にと役員も祈れよ。口先ばかりでなく、誠祈れよ。祈らなならんぞ。口先ばかりでは悪となるぞ。わかりたか。今度は借銭済《な》しになるまでやめんから、誰によらず借銭無くなるまで苦し行せなならんぞ、借銭なしでないと、お地の上には住めん事に今度はなるぞ。イシの人と、キの人と、ヒの人と、ミヅの人と、できるぞ。今にチリチリバラバラに一時はなるのであるから、その覚悟よいか。毎度知らしてあること忘れるなよ。神示腹の腹底まで浸むまで読んで下されよ。神頼むぞ。悟った方神示とけよ。といて聞かせよ。役員皆とけよ。信ずる者皆人に知らしてやれよ。神示読んで嬉しかったら、知らしてやれと申してあらうが。天明は神示書かす役ぞ。アホになれと申してあろうが、まだまだぞ、役員気付けて呉れよ。神示の代りにミ身知らすと申してある時来たぞ。愈々の時ぞ。神示で知らすことのはじめは済みたぞ。実身掃除せよ。ミ身に知らすぞ。実身に聞かすぞ、聞かな聞く様にして知らすぞ。つらいなれど、がまんせよ。ゆめゆめ功利出すでないぞ。判りたか、百姓にもなれ、大工にもなれ、絵描きにもなれ。何んにでもなれる様にしてあるでないか。役員も同様ぞ。まどゐつくるでないぞ、金とるでないぞ。神に供へられたものはみな分けて、喜ばしてやれと申してあろが。此の方喜ぶこと好きぞ、好きの事栄えるぞ。いや栄へるぞ。信者つくるでないぞ。道伝へならんぞ。取違へせん様に慢心せん様に、生れ赤児の心で神示読めよ。神示いただけよ。日本の臣民皆勇む様、祈りて呉れよ。世界の人民皆よろこぶ世が来る様祈りて呉れよ、てんし様まつれよ。みことに服《まつ》ろへよ。このこと出来れば他に何も判らんでも、峠越せるぞ。御民いのち捨てて生命に生きよ。「鳥鳴く声す夢さませ、見よあけ渡るひむかしを、空色晴れて沖つ辺に、千船行きかふ靄の裡。」「いろは、にほへとち、りぬるをわかよ、たれそ、つねならむ、うゐのおくやま、けふこ、えてあさき、ゆめみしゑひもせすん。」

「アオウエイ、カコクキケ、サソスセシ、ナノヌネニ、ハホフヘヒ、マモムメミ、ヤヨユエイ。ラロルレリ。ワヲウヱヰ。」

アイウエオ。ヤイユエヨ。ワヰヱヲ。カキクケコ。サシスセソ。タチツテト。ナニヌネノ。ハヒフヘホ。マミムメモ。ヤイユエヨ。ラリルレロ。ワヰウヱヲ。五十九柱ぞ。此の巻夜明けの巻とせよ。この十二の巻よく腹に入れておけば何でも判るぞ。無事に峠越せるぞ。判らん事は自分で伺へよ。それぞれにとれるぞ。天津日嗣皇尊弥栄《あまつひつぎすめらみことやさか》いや栄《さか》。あら楽し、あら楽し、あなさやけ、あなさやけ、おけ。

一二三四五六七八九十百千卍《ひふみよいつむゆななやここのたりももちよろず》。

秋満つ日に、アメのひつ九かみしるす。

（夜明けの巻了）

第十帖

岩戸しめの始めはナギ（伊邪那岐命）ナミ（伊邪那美命）の命の時であるぞ、ナミの神が火の神を生んで黄泉国に入られたのが、そもそもであるぞ、十の卵を八つ生んで二つ残して行かれたのであるぞ、十二の卵を十生んだことにもなるのであるぞ、五つの卵を四つ生んだとも言へるのであるぞ、総て神界のこと、霊界のことは、現界から見れば妙なことであるなれど、それでちゃんと道にはまってゐるのであるぞ。一ヒネリしてあるのぢや、天と地との間に大きなレンズがあると思へば段々に判りてくるぞ。夫神、妻神、別れ別れになったから、一方的となったから、岩戸がしめられたのである道理、判るであろうがな。その後独り神となられた夫神が三神をはじめ、色々なものをお生みになったのであるが、それが一方的であることは申す迄もないことであろう、妻神も同様、黄泉大神となられて、黄泉国の総てを生み育て給ふたのであるぞ、この夫婦神が、時めぐり来て、千引の岩戸をひらかれて相抱き給う時節来たのであるぞ、うれしうれしの時代となって来たのであるぞ。同じ名の神が到るところに現はれて来るのざぞ、名は同じでも、はたらきは逆なのであるぞ、この二つがそろうて、三つとなるのぞ、三が道ぞと知らせてあろうがな。時来たりなばこの千引の岩戸を倶にひらかんと申してあろうがな。次の岩戸しめは天照大神の時ぞ、大神はまだ岩戸の中にましますのぞ、ダマシタ岩戸からはダマシタ神がお出ましぞと知らせてあろう。いよいよとなってマコトの天照大神、天照皇大神、日の大神揃ふてお出まし近うなって来たぞ。次の岩戸しめは素盞嗚命に総ての罪をきせてネの国に追ひやった時であるぞ、素盞嗚命は天下《あめがした》を治しめす御役《おんやく》の神であるぞ。天《あめ》ヶ下は重きもののつもりて固まりたものであるからツミと見へるのであって、よろづの天の神々が積もる（と言ふ）ツミ（積）をよく理解せずして罪神と誤って了ったので、これが正しく岩戸しめであったぞ、命《みこと》をアラブル神なりと申して伝へてゐるなれど、アラブル神とは粗暴な神ではないぞ、あばれ廻り、こわし廻る神ではないぞ、アラフル（現生る）神であるぞ、天ヶ下、大国土を守り育て給う神であるぞ、取違ひしてゐて申しわけあるまいがな。このことよく理解出来ねば、今度の大峠は越せんぞ。絶対の御力を発揮し給ふ、ナギ・ナミ両神が、天ヶ下を治らす御役目を命じられてお生みなされた尊き御神であるぞ。素盞鳴の命《みこと》にも二通りあるぞ、一神で生み給へる御神と、夫婦呼吸を合せて生み給へる御神と二通りあるぞ、間違へてはならんことぞ。神武天皇の岩戸しめは、御自ら人皇を名乗り給ふより他に道なき迄の御動きをなされたからであるぞ。神の世から人の世への移り変りの事柄を、一応、岩戸にかくして神ヤマトイハレ彦命として、人皇として立たれたのであるから、大きな岩戸しめの一つであるぞ。仏教の渡来までは、わずかながらもマコトの神道の光がさしてゐたのであるなれど、仏教と共に仏魔わたり来て完全に岩戸がしめられて、クラヤミの世となったのであるぞ、その後はもう乱れほうだい、やりほうだいの世となったのであるぞ、これが五度目の大き岩戸しめであるぞ。

第二十八帖（二〇一）

岩戸あけたり日本晴れ富士ひかるぞ。この巻役員読むものぞ。世の元と申すものは火であるぞ水であるぞ。くもでてくにとなったぞ。出雲《いずも》とはこの地《クニ》の事ぞ。スサナルの神はこの世の大神様ぞ。はじめは　であるなり、◎いて月となり地となりたのざぞ。アは◉《ヒツキクニ》の神様なり、(ツキ)は月の神様ぞ、クニの神様はスサナルの神様ぞ。この事はじめに心に入れれば掃除タワイないぞ、グレンとは上下かへる事と申してあろうがな、云ふてはならぬ事ぞ。いはねばならぬ事ぞ。アメの◯つ九の◯。

第一帖

岩戸（言答）びらきと申してあるが、天は天の、地は地の、人民は人民の、動植物は動植物の、それぞれの岩戸をひらくのであるから、その立場々々によって違ふところがあるぞ、それを自分のものさしで計って、岩戸ひらきとはこんなものぞと定めてゐると、いよいよ判らん時代となってくるぞ、気つけておくぞ。

第十三帖（四四〇）

天の岩戸ばかりでないぞ、地《くに》の岩戸臣民の手で開かなならんぞ、誠一つで開くのぢや、誠のタチカラオの神、誠のウズメの命殿御用結構ぞ。ダマシタ岩戸開きではダマシタ神様お出ましざぞ、この道理判らんか、取違ひ禁物ぞ、生れ赤子の心になれば分るのぢゃぞ。今の臣民お日様明るいと思ふてゐるがお日様マコトの代のマコトのお日様どんなに明るいか見当とれまいがな。見て御座れ、見事な世と致してお目にかけるぞ、神示読みて聞かせてやれよ、嫌な顔する人民後廻しじゃ、飛付く人民縁あるのぢゃ、早う読み聞かす神示より分けておいて下されよ、間に合はんぞ、御無礼ない様に致し下されよ。十一月十七日、一二の神。

第四帖

　大空に向って腹の底から大きく呼吸してゴモクを吐き出し、大空を腹一杯吸ひ込んで下されよ。そなたの神を一応すてて心の洗濯を致してくれよ、神示が腹に入ったらすてて下されと申してあろうがな、神を信じつつ迷信に落ちて御座るぞ。日本が祕の本の国、艮（宇《ウ》詞《シ》答《ト》裸《ラ》）のかための国、◉《ヒ》出づる国、国常立大神がウシトラの扉をあけて出づる国と言うことが判りて来んと、今度の岩戸ひらきは判らんぞ、こんなことを申せば、今のエライ人々は、古くさい迷信ぢゃと鼻にもかけないなれど、国常立命がウシトラからお出ましになることが岩戸（言答）ひらきぞ、今の学では判らんことばかり。善と悪とに、自分が勝手にわけて、善をやろうと申すのが、今の世界のあり方。天の王、地（智・千）の王のこと、ヽのことがハッキリ判らねば足場がないではないか、足場も、めあてもなくてメクラメッポーに歩んだとて目的には行きつけぬ道理。

第十二帖（五四）

この神は日本人のみの神でないぞ。自分で岩戸開いて居れば、どんな世になりても楽にゆける様に神がしてあるのに、臣民といふものは慾が深いから、自分で岩戸しめて、それでお蔭ないと申してゐるが困ったものぞ。早う気づかんと気の毒出来るぞ。初めの役員十柱集めるぞ。早うこの神示写して置いて呉れよ、神急けるぞ。七月の十八日、ひつ九の〻。

第一帖（二一四）

春とならば萠《もえ》出づるのざぞ、草木許りでないぞ、何もかももえ出づるのぞ、此の方の申す事譬でないと申してあろが、少しは会得《わか》りたか。石もの云ふ時来たぞ、此の道早く知らして呉れよ、岩戸は五回閉められてゐるのざぞ、那岐《なぎ》、那美《なみ》の尊の時、天照大神の時、神武天皇の時、仏来た時と、大切なのは須佐之男神様に罪着せし時、その五度の岩戸閉めであるから此度の岩戸開きはなかなかに大そうと申すのぞ。愈々きびしく成ってきたが此れからが正念場ざぞ、否でも応でも裸にならなならんぞ、裸程結構なもの無い事始めて会得《わか》りて来るぞ。十二月一日、一二⦿。

第十帖

国常立神も素盞鳴命も大国主命も、総て地（智）にゆかりのある神々は皆、九（光）と十（透）の世界に居られて時の来るのをおまちになってゐたのであるぞ、地は智の神が治らすのぞと知らしてあろうが、天運正にめぐり来て、千（智）引の岩戸（言答）はひらかれて、これら地（智）にゆかりのある大神達が現れなされたのであるぞ、これが岩戸ひらきの真相であり、誠《マコト》を知る鍵であるぞ。

第二十一帖（二三四）

神かかりと申しても七つあるのであるぞ、その一つ一つがまた七つに分かれてゐるのざぞ、⦿ガカリ、かみかかり、か三かゝりぞ、ゝ《カミ》ガカリぞ、〇《かみ》かゝり、か三かゝり、かみかゝりざぞ、神かゝってゐないと見える神カカリが誠《まこと》の神カカリと申してあろが。そこに御座る神憑は五段目六段目の神憑ぞ。神カカリとは惟神《かむながら》の事ぞ、これが神国の真事《まこと》の臣民の姿ぞ。惟神の国、惟神ぞ、神と人と融け合った真事の姿ぞ。今の臣民のいふ惟神では無いぞ、此の道理会得りたか、真事の神にまつり合った真事の姿ぞ。悪の大将の神憑と分からんぞ、気つけて呉れよ、これからは神カカリでないと何も分からん事になるのざぞ、早う神カヽリになる様掃除して呉れよ、神の息吹に合ふと神カカリになれるのぞ。一二三唱へよ、祓えのれよ、神称へよ、人称《たゝ》へよ、神は人誉《ほ》め人は神称へてまつり呉れよ、まつはり呉れよ、あなひ呉れよ。十二月二十七日、ひつ九のか三。

第六帖（二一九）

神界の事は人間には見当取れんのであるぞ、学で幾ら極め様とて会得りはせんのざぞ、学も無くてはならぬが囚《とら》はれると悪となるのざぞ、しもの神々様には現界の事は会得りはせんのざぞ、会得らぬ神々に使はれてゐる肉体気の毒なから身魂磨け磨けと執《くどう》念申してゐるのざぞ。三、四月に気つけて呉れよ、どえらい事出来るから何うしても磨いておいて下されよ、それまでに型しておいて呉れよ。十二月五日、ひつ九のかみ。

第二十帖（二〇）

神がこの世にあるならば、こんな乱れた世にはせぬ筈ぞと申す者沢山あるが、神には人のいふ善も悪もないものぞ。よく心に考へて見よ、何もかも分かりて来るぞ。表の裏は裏、裏の表は表ぞと申してあろうが、一枚の紙にも裏表、ちと誤れば分らんことになるぞ、神心になれば何もかもハッキリ映りて来るのざ、そこの道理分らずに理屈ばかり申してゐるが、理屈のない世に、神の世にして見せるぞ。言挙げせぬ国とはその事ぞ、理屈は外国のやり方、神の臣民言挙げずに、理屈なくして何もかも分かるぞ、それが神の真の民ぞ。足許から鳥が立つぞ、土理《トリ》たちてあわてても何にもならんぞ、用意なされよ、上下にグレンと引繰り返るぞ。上の者下に、落ちぶれた民上になるぞ、岩戸開けるぞ、夜明け近づいたから早う身魂のせんたくして呉れよ、加実の申つこと千に一つもちがはんぞ。六月二十七日、ひつくのか三。

第二帖（三三六）

天の大神様は慈悲深くて何んな偉い臣民にも底知れぬし、地の大神様は力ありすぎて、人民には手におへん見当取れん、そこで神々様を此の世から追出して悪神の云ふこと聞く人民許りとなりてゐたのであるぞ。七五三《しめ》は神々様をしめ込んで出さぬ為のものと申してある事これで判るであろがな、鳥居は釘付けの形であるぞ、基督の十字架も同様ぞ、基督信者よ改心致されよ、基督を十字架に釘付けしたのは、そなた達であるぞ、懺悔せよ、〇とは外国の事ぞ、◉が神国の旗印ぞ、神国と外国との分けへだて誤ってゐるぞ、大き心持てよ、かがみ掃除せよ、上中下三段に分けてある違ふ血統《ちすじ》を段々に現すぞよ、びっくり箱あくぞ、八九の次は十であるぞよ。何事もウラハラと申してあろが、ひとがひとがと思ってゐた事我の事でありたであろがな、よく神示読んでおらんと、キリキリ舞ひせんならんぞ、日本が日本がと思って居た事外国でありた事もあるであろがな、上下ひっくり返るのざぞ、判りたか。餓鬼までも救はなならんのであるが、餓鬼は食物やれば救はれるが、悪と善と取違へてゐる人民、守護神、神々様救ふのはなかなかであるぞ、悪を善と取違へ、天を地と信じてゐる臣民人民なかなかに改心六ヶ敷いぞ。我と改心出来ねば今度は止むを得ん事出来るぞ、我程偉い者ないと天狗になりてゐるから気を付ける程悪ふとりてゐるから、こんな身魂は今度は灰ざぞ、もう待たれん事になったぞ。十月の十四日、ひつ九のかみしるす。

第十三帖（五五）

逆立ちして歩くこと、なかなか上手になりたれど、そんなこと長う続かんぞ。あたま下で手で歩くのは苦しかろうがな、上にゐては足も苦しかろうがな、上下逆様と申してあるが、これでよく分るであろう、足はやはり下の方が気楽ぞ、あたま上でないと逆さに見えて苦しくて逆様ばかりうつるぞ、この道理分りたか。岩戸開くとは元の姿に返すことぞ、神の姿に返すことぞ。三《みち》の役員は別として、あとの役員のおん役は手、足、目、鼻、口、耳などぞ。人の姿見て役員よく神の心悟れよ、もの動かすのは人のやうな組織でないと出来ぬぞ。この道の役員はおのれが自分でおのづからなるのぞ、それが神の心ぞ。人の心と行ひと神の心に融けたら、それが神の国のまことの御用の役員ぞ、この道理分りたか。この道は神の道ざから、神心になると直ぐ分るぞ、金銀要らぬ世となるぞ。御用うれしくなりたら神の心に近づいたぞ、手は手の役、うれしかろうがな、足は足の役、うれしかろうがな、足はいつまでも足ぞ、手はいつまでも手ぞ、それがまことの姿ぞ、逆立ちして手が足の代りしてゐたからよく分りたであろうがな。いよいよ世の終りが来たから役員気つけて呉れよ。神よ近づいてうれしいぞよ。日本は別として世界七つに分けるぞ、今に分りて来るから、静に神の申すこと聞いて置いて下されよ。この道は初め苦しいが、だんだんよくなる仕組みぞ、わかりた臣民から御用つくりて呉れよ、御用はいくらでも、どんな臣民にでも、それぞれの御用あるから、心配なくつとめて呉れよ。七月の十八日の夜、ひつくのか三。

第一帖（え三二一）

イシはイにかへるぞ。一《ヒ》であるぞ。　《ム》であるぞ。井であるぞ。イーであるぞ。井⃝であるぞ。㋑であるぞ。キと働くのざぞ、わかりたか。今までは悪の世でありたから。己殺して他人助けることは、此の上もない天の一番の教といたしてゐたが、それは悪の天の教であるぞ。己を活かし他人《ひと》も活かすのが天の道ざぞ、神の御心ぞ。他人殺して己助かるも悪ぞ、己殺して他人助けるも悪ぞ、神無きものにして人民生きるも悪ぞ。神ばかり大切にして人民放っておくのも悪ぞ。神人ともにと申してあろが。神は人に依り神となり、人は神によって人となるのざぞ。まことの神のおん心わかりたか。今までの教へ間違っていること段々判りて来るであろがな。天地和合して☼となった姿が神の姿ざぞ。御心ざぞ。天《あめ》と地《つち》ではないぞ。あめつちざぞ。あめつちの時と知らしてあろうが、みな取違ひ申して済むまいが。神示よく読めと、裏の裏まで読めと申してあろが、七月の二十一日、あめのひつぐのかみ。

第六十二帖（八四九）

そなたは現実世界のことばかりより判らんから、現実のことばかり申して、一に一たす二だとのみ信じてゐるが、現実界ではその通りであるが、それが平面の見方、考へ方と申すもの、いくら極めても進歩も弥栄もないのぢゃ。一に一たす一の世界、一に一たす無限の世界、超現実、霊の世界、立体の世界、立立体の世界のあることを体得せねばならんぞ。そなたは心をもって居ろうがな。心があれば心の属する世界のある道理は判るであろうが。心で描いて、心で先づつくり出してから行為することも、その順序も判るであろうがな。心のうごきが先で、肉体がその後でうごくことも判って居ろうがな。心の世界にないものは物質の世界にない道理も判って居ろうがな。何故に迷ふのじゃ。霊界が主で現界が従であること、判って下されよ。逆立ちしてそなた自身で苦しんでゐること、早う得心して、うれしうれしで暮らして下されよ。三月三日。

第十帖（五二）

八月の十日には江戸に祭りて呉れよ。アイウは縦ぞ、アヤワは横ぞ、縦横揃うて十となるぞ、十は火と水ぞ、竪横結びて力出るぞ。何も心配ないからドシドシと神の申す通りに御用すすめて呉れよ。臣民は静かに、神は烈しきときの世近づいたぞ。七月の十七日、一二⊙。

第十一帖（四三八）

日本の上に立つ者に外国の教伝へて外国魂に致したのは今に始まった事ではないぞ、外国の性根入れたのが岩戸閉めであるぞ、五度ざぞ、判りたか。それを元に戻すのであるから今度の御用中々であるぞ、中つ枝からの神々様には判らん事ざと申してあることもガッテン出来るであろがな。この神示肚に入れて居ればどんなことあっても先に知らしてあるから心配ないのざ、ソレ出たとすぐ判るから胴すわってゐるから何事も結構におかげ頂くのざ。死ぬ時は死んだがよく、遊ぶ時には遊べ遊べ、嬉し嬉しざぞ、十一月十六日、ひつ九のか三。

第十四帖

正しくないものが正しい方に従はねばならんと人民申して御座るなれど、正とか不正とか申す平面的衣を早うぬいで下されよ。マコトを衣として下されよ、マコトを衣にするには心がマコトとなりなりて、マコトの肉体とならねばならん、マコトとは数《かず》じや、言《こと》じや、色じや、その配列、順序、方則ぞ。

第七帖

今まで世に落ちてゐた神も、世に出てゐた神も皆一つ目ぢや、一方しか見へんから、世界のことは、逆の世界のことは判らんから、今度の岩戸ひらきの御用は中々じゃや、早う改心してこ（九・光）の神について御座るのが一等であるぞ。外国の方が早う改心するぞ、外（幽）国人とは逆の世界の人民のことであるぞ。神の目からは世界の人民、皆わが子であるぞ。世界中皆この神の肉体ぞ、この神には何一つ判らん、出来んと申すことはないのぢや。どんなことでも致して見せるぞ。

第八帖（五〇）

この神示《ふで》皆に読みきかしくて呉れよ。一人も臣民居らぬ時でも声出して読んで呉れよ、まごころの声で読んで呉れよ、臣民ばかりに聞かすのでないぞ、神々さまにも聞かすのざから、その積りで力ある誠の声で読んで呉れよ。七月の十七日、ひつ九のか三。

第三十二帖（二〇五）

おもてばかり見て居ては何も判りはせんぞ。月の神様まつりて呉れよ。此の世の罪穢れ負ひて夜となくなく昼となく守り下さる素盞鳴神様あつくまつり呉れよ。火あって水動くぞ。水あって火燃ゆるぞ。火と水と申しておいたがその外に隠れた火と水あるぞ。それを一二三と云ふぞ。一二三とは一二三と云ふ事ぞ、言波ぞ。言霊《コトタマ》ぞ、祓ひぞ、◎ぞ。スサナルの仕組ぞ。成り成る言葉ぞ、今の三み一たいは三み三たいぞ。一《ひ》とあらはれて二三《ふみ》かくれよ。月とスサナルのかみ様の御恩忘れるでないぞ。御働き近づいたぞ。十一月二十七日、ひつ九かみ。

四十八音図表

二部　我欲について

○に・を入れろ。「ひふみ神示」は、終始言い続けている。
アマテラスオオミカミの三種神宝《みくさのかんだから》は、たまと剣と鏡。

剣は外に働く力。鏡は中に働く力。この二つに〝たま〟を入れろ、と。

「ホツマツタヱ」によれば、「カガミ」は「カ」が光、「ガ」が闇で、裏と表の両方を映すのが鏡だそうだ。

「ツルギ」は、悪人を成敗するためのもので、一般人には類を及ぼさないそうだ。

「たま」は、宇宙からくる中心のエネルギーのこと。

「ひふみ神示」は、自分の内面を客観的に見て、光と闇の両方があることを正しく認識した上で、外の世界を調和の取れたものにしろ、と言いたいのではないかと思う。その際に、一番肝心なのは、宇宙ワンネスの意識を自分の中心に据えること。

「ホツマツタヱ」には、「たま」は、宇宙からくるもので、「しい」は、肉体を維持する欲望で、地球周辺からくるものであり、記憶も含まれているとある。

「シヰ」は「ヨヂ」とも言い「四至」と表記されていた。

「ひふみ神示」には、「四海のひみつ」とあり、これが解ければ、宇宙のことが理解できるとあった。

中国の風水にも、「四神」という東西南北の守護神がいる。

「ヨヂ」は、南北を縦とし、上から来る力を現わし、東西を横として、広く民衆に与えられる力を現わしているそうだ。

「ホツマツタヱ」によると、スメラミコトが、上から来るエネルギーを受け、それを民に分け与えるやり方を「トノオシヱ」として、初代クニトコタチが、国を治める柱としたという。

「ひふみ神示」も、スメラミコトが地球の中心として、神からのエネルギーを受け取り人々に分かち与えるのが、調和のとれたまつりごとだと言う。

一見、民主主義に反し、独裁政権のように思われがちだが、真の愛が地球の中心を貫くのは、揺るぎない平穏を得る道だと言えそうだ。

人が、神にまつろうのは、神の奴隷になることではない。地球も同じで、地球の中心に神が据わるのは、神の支配下に、人間が従属するという意味ではない。

我欲のこだわりを捨てると、もっと自由にもっと楽しく生きられる。

我欲は、自分の肉体のみを生かす欲求である。それも少しはないと肉体を維持できないが、強くなりすぎると執着となり、重たい荷物を背負いこんでしまう。

何かに執着すると、客観的で調和のとれた判断ができなくなる。

日々の生活の中で、人は常に選び続けている。例えば、朝、どの電車に乗るかにしても、早目に行く人と、遅刻ギリギリにしか行かない人がいる。どちらにも言い分があり、いいも悪いもないが、一つの選択が道を大きく分かつ場合もある。人との出逢いも、事故などにぶつかるのも、電車一本違えば違う結果にもなる。

我欲に捉われた状態でいると、内なる神との繋がりが希薄になるために、大事な選択を誤って苦しい現実を創る可能性が高くなる。

墜落する飛行機に乗ってしまう人、急に乗るのをやめる人、運のいい人、悪い人、日頃の神との繋がりの違いから、そうなる。

何かの神を信仰するのではない。自分の内なる神格と繋がる。○に・を入れる。

自分の外の神を信仰すれば、神の奴隷になるだろう。

宗教は、人を隷属させる格好の道具となる。神の名においてまた、仏の名において人を脅かすのは効果的な方法だが、多勢の人々を惑わせれば、その分の苦しみを身に受けるだろう。

人の意見を鵜呑みにしてはいけない。必ず、自分の内なる神格に照らし合わせて判断できるように、修練した方がいい。

尻尾だけを掴まえて、全体を理解したつもりになるのは、あさはかだろう。少なくとも、自分が掴まえたのが、尻尾にすぎないと気付かなければ、先へ進むのが遅れてしまう。上には上がある。さらなる高次を目指して行くには、自惚れてなどいられない。

宇宙の全情報を知ろうとすれば、処理し切れずに、狂ってしまうだろう。

全智全能の神になろうとするのも、聖人君子になろうとするのも、結局は、我欲でしかない。

他人より秀でた者になることで、自分の体裁を保とうとしているだけだ。

「みんな平等」も、一見正しいようだが、エゴで平等を実現しようとすると、却って、不自由で窮屈な状態になりかねない。

神にまつろうというのは、自分自身にまつろうことに他ならない。他人や他の神の言う通りにすれば、ある意味楽かもしれないが、自分で考えて、責任を持って行動しないならば、真の自由とは言えない。

大人が子供を教え導くのは、当然の義務だと思うが、かといって、大人の考えを押し付けるのは、子供の生来の質を歪めてしまうだけだ。

子供の内なる神格を信頼して、本人の持って生まれた性質を伸ばし、歪めてしまわないように導き、見守るのが、基本だと思う。

大人が子供の邪魔をしないように、ありのままを受け入れていく。

そのためには、自分に邪念があってはならない。子供を自分の思い通りにさせようとするのは、エゴだろう。

自分自身の幸せのためにも、家族の幸せのためにも、『自分が』と思う自分を客観的に見つめ直したい。人のせいにしたり、あの人のこういうところを直したいと思うのではなく、自分を省みてみよう。

鏡は自らを見つめ直す道具であり、自分の身近な人達もまた、自分を映す鏡となっている。

それに気付けば、人の振り見て我が振りを直せるようになる。

私達は、宇宙の法則をすっかり忘れて、日々暮らしているが、内なる思いが外側の現実を創っているというのが真実だ。

苦しみや痛みを、心の底に持ち続けていれば、その思いを実現させる出来事が起きてくる。

自分は信じ易いから、すぐに人に騙されると思っていると、大きな間違いだ。

心の底から、一点の疑いもなく生きている人は、誰からも騙されたりはしない。

心のどこかに、『騙されたらどうしよう』とか『そんなうまい話なんかあるはずない』などの、不安が隠れていると、知らず知らずのうちに、騙してくれる人の方へ引き寄せられていく。

そして、『やっぱり騙された』と思う。

「やっぱり」と思っている自分は、そうなる予想をしていたのだ。都合の悪い現実、嫌な現実を無意識に予想していれば、その通りになっても、誰にも文句は言えない。

自分が感知しえる出来事は、全て自分の内面を映し出している。たとえそれが、地球の裏側で起きた戦争であっても、自分の内面にある争う気持ちが映しだされたものだ。

全てが、自らの内面世界の映し鏡であると理解すれば、人のせいにしていいことなど何もないと気が付く。

全部自分に発すると気が付くと、自由に生きられるようになる。

この法則を逆手にとって、我欲を現実化させることもできる。

が、心が穏やかで安らかに生きるためには、内なる神格と繋がり、本来の自分を取り戻さなければならない。

目先の欲望を叶えても、また、次の欲望が湧き上がってくる。あれも欲しい、これも欲しい、もっと欲しい、もっともっと欲しい。

肉体を維持する以上に食べ、洋服を買い集め、必要以上のぜいたくをする。

これでは、心の中は空しくなるばかりだ。常に渇望した状態で、物欲ばかりが肥大していく。

それを助長し煽るのが、現代の経済中心の社会構造だ。物が売れれば景気がいい、社会は発展していく。売れなくなると、景気が悪くなり、給料も減らされ、生活が困窮してしまう。

このあり方も、先が見えてきた。今は、もう、誰もがおかしいと感じ始めている。

狂ったように、あてどもなく、突進し続けてきた経済優先の社会。みんなが、自分の幸せを追求してきた。何が幸せか解らないまま、物欲を満たす方向へと流されてきた。

どこに向かっているのか本人達も全く気付かないまま、目先の豊かさを追い求めた結果、自然環境を破壊し、格差を造り、争いの種をばら蒔き続けてきた。

自分の幸せが、他人の不幸を生む。

直接関係ないと、考えることすらしない。自分さえ豊かに暮らせればいい。その陰で泣いている人達がいるというのに。

しかし、ついに自分にも苦しみが巡り巡って返ってきた。そして初めて気が付く時が来たようだ。

今までは、宇宙の流れが、分離の時代、鉄の時代だったそうで、個を立てようとする意識が強くなっていた。それが、地球の集合無意識として働いていたので、個人が、自分だけの利益、欲望を押し広げていくのも、自然の流れだったようだ。

しかし、もうすでに、ワンネスの時代、黄金時代の入り口に入っている。

宇宙の季節の移り変わりは、冬から春へ、春から夏へ、と、分離と統合を繰り返していくそうだ。

時の流れに逆らおうとすれば、苦しくなっていく。

宇宙の本質がワンネスであれば、なおさら、その流れに逆らえば、エネルギーのぶつかり合いが起き、天災に見舞われる。

自然現象は、個人の力でどうすることもできないと思うかもしれないが、それさえも自分の内面をクリーニングすると、大難を小難に変えられる。

一人の人間の想念エネルギーも、内なるワンネス意識と繋がると、宇宙全部に多大な影響を及ぼす。

「ひふみ神示」は、「口と心と行を一つにしろ」と言うが、確かに、この三つが統一されている人は少ないようだ。

それを教えてくれるツールとして、鏡は三種神宝の一つに加えられたのだろう。

剣は外に働く力。内側の自分が整えば、自ずと現実もそれに見合ったようになっていく。内にあるものを、外に顕現する力の象徴として剣を用いたのではないだろうか。

「ホツマツタヱ」は、悪人を討つものと伝えているが、「ひふみ神示」からは、違った印象を受け取る。

「あの世とこの世は、合わせ鏡」とあるように、意識の世界を物質世界に映し出す具現化のエネルギーが、「外に働く力」なのではないだろうか。

私達の意識は、自由自在にどこへでも行くことができる。自覚がなくても、意識を向けた方へ、一瞬で飛んでいく。

表面意識が気付かなくても、自分の想いを実現化させながら生きている。

ただし、この「想い」というのが曲者で、叶えたくない現実も、無意識に引き寄せてしまう。

剣は、両刃《もろは》の刃なので、「カ（光）」も「ガ（闇）」も、両方とも、内なる現実である限り、外側にも映し出すという意味があるのではないだろうか。

どちらも、〝自分〟であると自覚した時に、剣を使いこなせるようになる。

意識は、周波数的にも、物質より上なので、三次元に属するものではない。

高次元を三次元化するための方程式を、剣が示している。

フォーカスだ。一点に意識を集中すると物質化していく。剣を矢印とすると、先端にフォーカスする意識と注意力が、物質化現象を起こす源となっている。

鏡が意識、剣が意志、と言えるだろう。

この二つに〝たま〟を入れる。中心だ。

円も球も、中心の点がなければ回転できない。中心が少しでもずれていれば、長く美しく回転し続けられない。ボールなら、まっ直ぐ遠くに飛ばそうとしても、曲がってしまうだろう。

人間も、常に中心を意識して、偏らないように心掛けていれば、無理なく生きられる。穏やかで長命の人生を送れるだろう。

何かに捉われてバランスを欠いてしまうと、人生の様々な局面で、苦しみを背負ってしまう。

夫婦も同じで、男女のバランスが取れていて、なおかつ、中心にまつろうと、末永く幸せな家庭を築ける。

合わない相手と一緒にいるのは苦痛だが、合わせる努力を全くしなければ、どんな相手とでも幸せにはなれない。

パートナーを鏡として、自分を磨いていけば、合わない相手は自然に離れていくだろう。

人のせいにしないでいられれば、執着や思い込みに気付かせていただける。

人の悪いところに気付かせてあげよう、などと思うのは、思い上がりの自惚れだ。

マスターは、人を矯正しようとはしない。本人が望む方向へ行くためにできる方法を伝えるだけだ。右へ行くより左へ行った方が早く望みを達成できると言うだけだ。本人の〝たま（神格）〟の意志と、表面意識の違いを伝えるだけだ。本人が自分で決めて行うようにする以外、無用なアドバイスはしない。

一人一人個性が違うので、本人の神格に従う以外のアドバイスは、押し付けにしかならない。

この三次元で何を味わうのか、体験するのか、本人にしか決められない。

本人が幸せでいられるように、自由の翼が持てるように、常に祈るしかない。

高次の存在達は、いつもそうやって守ってくれている。

剣は、正義を押し付けるものであってはならない。

愛と力もそれに似ている。愛は全てを包みこむもの。水のように、どんなものも、溶かし一体化してしまう。

力は、意志であり、一つ方向へと強く押すもの。剣も炎も三角形になっている。矢印のように。

男性性と女性性も同じ。陽と陰とも置き換えられる。

「ひふみ神示」は、「陽と陰とで和するだけでは足りない。もう一つ、陽を入れろ」と言う。

三種神宝の〝たま〟に相当する何かだろう。

宇宙の源からくる〝ワンネス意識〟だろう。

根元の点を、陽と陰の中心に据えて初めて、全体を映す人間ができあがる。

○に・を入れる。

「○」は容れ物であり、人間の肉体を現わすのだろうか。

前述の「シヰ」「ヨヂ」という四方のエネルギーのことでもあるだろう。

「シヰ」は「四囲」と、「ヨヂ」は「四至」と漢字を当てるとどちらも四方である。

「ホツマツタヱ」では、「キツヲサネ（東《キ》西《ツ》中心《ヲ》南《サ》北《ネ》）」となる。「ヲ」は、「魂の緒」の意味だろうか。「キツ」は東西で、日月の運行のエネルギー。「サネ」は南北で、北は根、つまり根元のエネルギーである。南は、南中する最も輝く太陽のエネルギー、「ヲ」は、それらを〝たま〟と繋ぐもの。

中心には、縦に伸びた、天と地と人を結ぶ天の御柱があるように思う。
子供の遊び唄の「カゴメ唄」も、実は、キツヲサネを表現したものではないかと考えている。

カゴメ唄

カゴメカゴメ
カゴの中の鳥は
いついつ出やる
夜明けの晩に
鶴と亀がすべった
後ろの正面
だあれ？

この遊びは、一人の子供がまん中に目をつぶって座り、周囲を数人の子供たちが回りながら唄を歌い、歌が終わった時に、真ん中の子供の真後ろに立っている子供を当てるというものだ。

この形態から、「カゴメ」を「囲め」と推測する。これだけで、もう、○と点が現われる。「鶴」を「酉」に、「亀」を「甲」に置き換えると、十干、十二支の方位によって「酉」は「西」に、「甲」は「東」に、対応すると解る。

しかも、「鶴亀」を「ツルギ」と読むことができる。

東西のラインと、剣が、見事に描かれてくる。

「後ろの正面」を映すには、鏡を使うしか方法がないので、ここに「鏡」が浮かび上がってくる。

鏡が太陽になぞらえられ、太陽を映す祭祀の道具でもあることから、自ずと、南北のラインが描きだされる。

「カゴの中の鳥」を中心とすれば、「・」となる。

「鶴と亀」が東西ならば、日と月とも考えられるので、「夜明けの晩」が、「黄金時代」という輝かしい夜明けを迎える直前の暗黒の時を指していると推測すると、「すべる」を「統べる」とし、日と月が一体となる、つまり、皆既日食であると推測できる。

二〇〇九年七月二十二日の皆既日食は、沖縄が、最も完全に、日と月が重なって見えるポイントだった。

「カゴメ唄」が、未来予知をしているかどうかは検証できないが、少なくとも、「鏡と剣とたま」、「キツヲサネ」を現わしているとは言えないだろうか。

日本人は、〝たま〟を取り戻すと同時に、ご先祖達の偉業も思い出すだろう。

神社に祭られている神々は、全て、私達のご先祖様なのだ。

そのエネルギーを封じたのも、また、私達のご先祖様達だ。

全てを、ありのままに観る習慣を持てば、片寄らない感性を維持できる。

そのためにも、ワンネスを思い、ワンネスを指向する。

それが、今の夜明け前、天国と地獄がない混ぜにされた時を、速やかに、穏やかに、乗り切る最善の方策だ。

（ひふみ神示より抜粋）

第二十一帖（六三）

ヽばかりでもならぬ、〇ばかりでもならぬ。⦿がまことの神の元の国の姿ぞ。元の神の国の臣民は⦿でありたが、ゝが神国に残り〇が外国で栄へて、どちらも片輪となったのぞ。4ゝもかたわ〇もかたわ、ゝと〇を合はせてまことの⦿の世に致すぞ。今の戦はゝと〇との戦ぞ、神の最後の仕組と申すのは〇にゝ入れることぞ。〇も五ぞゝも五ぞ、どちらも、このままでは立ちて行かんのぞ。一厘の仕組とは〇に神の国のゝを入れることぞ、よく心にたたみておいて呉れよ。神は十柱五十九柱のからだ待ちてゐるぞ。五十と九柱のミタマの神神様お待ちかねであるから、早うまゐりて呉れよ。今度の御役大層であるが、末代残る結構な御役であるぞ。七月の二十四日、一二のか三。

第十八帖（七五九）

人民は神のへそとつながつてゐるのであるぞ。へその緒さへつながつて居ればよく、神人であるぞ。ゝとゝとつながつて更に大きゝにつながつてゐるからこそ動きあり、それぞれのハタラキあり、使命を果し得るのであるぞ。同じであつて全部が合一しては力出ないのであるぞ。早う心いれかへと申してあるが、心とは外の心であるぞ。心の中の中の中の心の中には、ゝが植付けてあるなれど、外がまつくらぢや。今迄のやり方では行けんこと判りて居ろうがな。いらんものは早うすてて了へよ。直々の大神様は二《ツキ》の大神様なり。

第二帖（六一三）

判るやうに申すならば、宇宙は ヽ 真と愛との現はれであるぞ。愛と真ではない。ヽ、愛、真、善、智であるが、愛真でもなく、善智でもないぞ。愛と真が善と智と現はれ、喜びとなつてはたらき、ヽ が加つて弥栄えた生命であるぞ。愛のみと云ふものはないぞ、真のみと云ふものもないぞ。愛と現はれ真と現はれるものであるぞ。人間には現はれたものだけより判らんのであるが、ことわけて申すならば愛には真かくれ、真には愛かくれ、その奥に ヽ があるのぢや。人間はおやを父と母とに区別してゐるが、母と現はれる時は父その中に居り、父と現はれる時はその中に母ゐるのであるぞ。何れも親であるぞ。父となり母となり現はれるのであるぞ。愛と真、善と智と区別して説かしておいたが、それは今迄のこと、いつまでもそんなところでまごまごさしてはおけんぞ、ヽ が判らねばならん。ヽ の ヽ が判らねばならん。男の魂は女、女の魂は男と申してあらう。人間の目に愛とうつるものは外の愛、真とうつるものは外の真ぞ。中から申せば外は御役の悪であるぞ。今が過去で、今が未来ぞ。時間にふみ迷ふなよ。空間にふみ迷ふでないぞ。皮一枚ぬいで心でよく考へなされ。いつも日が出てゐるではないか。月輝いて御座るではないか。力そのものに、力はないのであるぞ。霊と肉の結びのみで力現はれるのでないぞ。プラスとマイナスと合せて組みて力出ると思うてゐるのであらうが、一歩ふみ出さねばならんぞ。プラスとマイナスと合せたのではプラスとマイナスぞ。力出ないのざ。ヽの力が加つて其処にヨロコビ出て、理《ミチ》となり、なり、なりて真実と現はれるのぞ。弥栄が真実ぞ。神ぞ。神の心ぞ。竜神と申してゐるが竜神にも二通りあるぞ。地からの竜神は進化して行くのであるぞ。進化をうそざと思ふは神様迷信ぞ。一方、天からの竜神は退化して行くのであるぞ。この二つの竜神が結ばれて人間となるのであるぞ。人間は土でつくって、神の気入れてつくつたのざと申してあらうがな。イワトしめとイワトひらきの二つの御用のミタマあると申してあらうが。ミタマの因縁恐ろしいぞ。愛と智は呼吸して喜びとなるのであるぞ。よろこびは形をとる。形なく順序なきもの○であるぞ。善と真のはたらきを完全にするには、善と真との差別をハッキリとさせねばならんぞ。とけ合はせ、結んでヨロコビと現はれるのであるが、区別することによつて結ばれるのであるぞ。ヽしなければならん。すればする程力強くとけ合ふのであるぞ。大き喜びとなるのであるぞ。このこと日月の民には判るであらうな。道は三つぞ。合点ぢやなあ。小の中に大あるぞ。無の中に有有《ウア》るぞ。もの益々小さければ、益々清ければ益々内に大きなものあり、益々純なものあるぞ。神はそなたの中にあるが外にもあると申してあらうがな。✡（ウム）よく見て下されよ。愛はそのまま愛でないぞ。真はそのまま真でないぞ。善はナマでは善ではないぞ。智

はナマでは智ではないぞ。ヽ入れて、結んで解けてヨロコビとなるのざ。ヨロコビ生命ぞ。宇宙の総て生命であるぞ。（一月一日）

第四帖（六六一）

⦶がよろこびであるぞ。⊖もよろこびであるぞ。よろこびにも三つあるぞ。⦶は表、⊖は裏、表裏合せて⊕ぞ。⊕は神であるぞ。神であるなれど現れの神であり、現れのよろこびであるぞ。⊕のもとが◉であるぞ。キであるぞ。元の元の太元の神であるぞ。△《ム》であるぞ。△《ム》から▽《ウ》生れ、▽《ウ》から△《ム》生れるぞ。同じ名の神二つあると申してあらうが。表の喜びが、ヽ、愛、真、善、美となり現れ、裏の喜びからは、ヽ、憎、偽、悪、醜が現れるのぢや。喜びが神ぢやと申して裏の喜びではならんぞ。今の人民の喜びと申すのは裏の喜びであるぞ。悲しみを喜びととり違へているぞ。この巻、春の巻。こまかに説いて判り易く説いてきかすぞ。分ければそれだけ小さくなるなれど。

第七帖

始めの日は始めの日に過ぎん、始めの前にあるものが判らなければ、それは只の理屈に過ぎんぞ、マコトでないぞ、根から出たものではない、枝葉に過ぎん、男から女は生れんぞ、奇数から偶数は生れんと申してあろうが、一つのものゝ表が男であるぞ、裏が女であるぞ、男から女をつくったと申すのは或時期に於ける教じや、岩戸がひらけたのであるから教へではならん、道でなくてはならんと申してあるぞ、道は永遠ぢや、〇から出て〇に至るのぢや。

第九帖（五一）

今度の戦は⦿と〇との大戦ぞ。神様にも分らん仕組が世の元の神がなされてゐるのざから、下《しも》の神神さまにも分らんぞ。何が何だか誰も分からんやうになりて、どちらも丸潰《つぶ》れと云ふ所になりた折、大神のみことによりてこの方らが神徳出して、九分九厘と言う所で、神の力が何んなにえらいものかと云ふこと知らして、悪のかみも改心せなならんやうに仕組みてあるから、神の国は神の力で世界の親国になるのぞ。⦿と〇とは心の中に「ゝ」があるか「ゝ」がないかの違ひであるぞ。この方は三四五《みよいつ》の神とも現われるぞ。江戸の御社《みやしろ》は誰でも気楽に来て拝める様にして置いて呉れよ、この方の神示《ふで》書く役員、神示うつす役員、神示説いてきかす役員要るぞ、役員は人の後について便所を掃除するだけの心掛けないとつとまらんぞ、役員づらしたら直ぐ替身魂使ふぞ。七月の十七日、一二のか三。

第三帖（八三）

メリカもギリスは更なり、ドイツもイタリもオロシヤも外国はみな一つになりて神の国に攻め寄せて来るから、その覚悟で用意しておけよ。神界ではその戦の最中ぞ。学と神力との戦と申しておろがな、どこから何んなこと出来るか、臣民には分かるまいがな、一寸先きも見えぬほど曇りて居りて、それで神の臣民と思うてゐるのか、畜生にも劣りてゐるぞ。まだまだわるくなって来るから、まだまだ落ち沈まねば本当の改心出来ん臣民沢山あるぞ。玉とは御《おん》魂ぞ、鏡とは内に動く御力ぞ、剣とは外に動く御力ぞ、これを三種《みくさ》の神宝《かんだから》と申すぞ。今は玉がなくなってゐるのぞ、鏡と剣だけぞ、それで世が治まると思うてゐるが、肝腎の真中ないぞ、それでちりちりばらばらぞ。アとヤとワの詞[四]の元要るぞと申してあろがな、この道理分らんか、剣と鏡だけでは戦勝てんぞ、それで早う身魂みがいて呉れと申してあるのぞ。上下ないぞ、上下に引繰り返すぞ、もう神待たれんところまで来てゐるぞ、身魂みがけたら、何んな所で何んなことしてゐても心配ないぞ、神界の都にはあくが改めて来ているのざぞ。

八月の十二日、◉のひつくの◉。

第二帖（一四九）

この道は道なき道ざぞ。天理も金光も黒住も今はたましひぬけて居れど、この道入れて生きかへるのぞ、日蓮も親鸞も耶蘇も何もかもみな脱け殻ぞ、この道でたま入れて呉れよ、この道は〻ぞ、〇の中に〻居れて呉れと申してあろうが。臣民も世界中の臣民も国々もみな同じことぞ、〻入れて呉れよ、〇を掃除して居らぬと〻はいらんぞ、今度の戦は〇の掃除ぞと申してあろうがな、まつりとは調和合《まつり》はすことと申してあろうがな、この道は教でないと云ふてあろうが、教会やほかの集ひでないと申してあろうがな、人集めて呉れるなと申してあろうがな。世界の臣民みな信者と申してあらうが、この道は道なき道、時なき道ぞ、光ぞ。この道でみな生き返るのざぞ。天明阿房になりて呉れよ、我すてて呉れよ、神かかるのに苦しいぞ。九月二十三日、一二㋹。

第十三帖

まだ〇のみ追ふてゐる人民沢山あるなれど〇では世は治まらん、自分自身は満たされんぞ、〻でなくてはならん、と申して〻だけでもならんぞ、〻が元ぢや、内じや、〇は末ぢや、外じや、〻から固めて下されよ。〇はおのづから出来てくる、ふさはしい〇が出来てくるのぢや。今の世はひらけたひらけたと申しているが、それは半面だけのこと、半面がひらけると半面がとざされる世の中、開け放しの明るい世が目の前に来てゐるぞ。用意はよいか、真中うごいてはならんと申してあろう、動くのは外ぢや、忙しい急しいと申すのは外側にゐる証拠であるぞ、気つけて早う中心に飛込めよ、真中結構、日本は真中の国であるぞ、日本精神は真中精神、末代動かぬ精神であるぞ、三千世界の大掃除であるから、掃除するには、掃除する道具もゐるぞ、人民もゐるぞ、今の有様では、いつ迄たっても掃除は出来ん、益々けがれるばかりぢや、一刻も早く日本から、日本を足場として最后の大掃除を始めて下されよ。神が致すのでは人民がかあいそうなから、くどう申してゐるのぞ。

第十一帖（一八四）

学も神力ぞ。神ざぞ。学が人間の智恵と思ってゐると飛んでもない事になるぞ。肝腎の真中なくなりてゐると申してあろが。真中うごいてはならんのざぞ。神国の政治は魂のまつりことぞ。苦しき御用が喜んで出来る様になりたら、神の仕組判りかけるぞ。何事も喜んで致して呉れと申してあろがな。臣民の頭では見当取れん無茶な四《よ》になる時来たのざぞ。それを闇の世と申すのぞ。神はヽ臣民は○、外国は○、神の国はヽと申してあろが、神国から見れば、まわりみな外国、外国から見れば神国最中。人の真中には神あろうがな。悪神の仕組は此の方には判りてゐるから一度に潰す事は易いなれど、それでは天の大神様にすまんなり、悪殺して終《しま》ふのではなく、悪改心さして、五六七《みろく》のうれしうれしの世にするのが神の願ひざから、この道理忘れるでないぞ。今の臣民幾ら立派な口きいても、文字ならべても、誠がないから力《ちから》ないぞ。黙ってゐても力ある人いよいよ世に出る時近づいたぞ。力は神から流れ来るのぞ。磨けた人から神がうつって今度の二度とない世界の、世直しの手柄立てさすぞ。みたま磨きが何より大切ぞ。十月の二十七日、ひつ九のか三。

第五十九帖（五七〇）

ヽ忘れるなよ。世を捨て、肉をはなれて天国近しとするは邪教であるぞ。合せ鏡であるから片輪となつては天国へ行かれん道理ぢや。迷信であるぞ。金で世を治めて、金で潰して、地固めしてみろくの世と致すのぢや。三千世界のことであるから、ちと早し遅しはあるぞ。少し遅れると人民は、神示は嘘ぢやと申すが、百年もつづけて嘘は云へんぞ。申さんぞ。

（十二月七日）一二十

第十三帖（二二六）

此れまでの仕組や信仰は方便のものでありたぞ。今度は正味《せうまつ》の信仰であるぞ、神に真直《ますぐ》に向ふのざぞ。日向《ひむか》と申してあろがな。真上《まうへ》に真すぐに神を戴いて呉れよ、斜に神戴いても光は戴けるのであるが、横からでもお光は戴けるのであるが、道は真すぐに、神は真上に戴くのが神国のまことの御道であるぞ。法便の世は済みたと申してあろがな、理屈は悪ざと申して聞かしてあろが、今度は何うしても失敗《しくじる》こと出来んのざぞ。神の経綸《しくみ》には狂ひ無いなれど、臣民愈々苦しまなならんのざぞ、泥海に臣民のたうち廻らなならんのざぞ、神も泥海にのたうつのざぞ、甲斐ある御苦労なら幾らでも苦労甲斐あるなれど泥海のたうちは臣民には堪《こば》れんから早う掃除して神の申す事真すぐに肚に入れて呉れよ。斜や横から戴くと光だけ影がさすのざぞ、影させば闇となるのざぞ、大きいものには大きい影がさすと臣民申して、己むを得ぬ事の様に思ふてゐるがそれはまことの神の道知らぬからざぞ、影さしてはならんのざぞ、影はあるが、それは影でない様な影であるぞ、悪でない悪なると知らせてあろが。真上に真すぐに神に向へば影はあれど、影無いのざぞ、闇ではないのざぞ。此の道理会得るでわろがな、神の真道《まみち》は影無いのざぞ、幾ら大きな樹でも真上に真すぐに光戴けば影無いのざぞ、失敗《しくじり》無いのざぞ、それで洗濯せよ掃除せよと申してゐるのぞ、神の真道会得《まみちわか》りたか。天にあるもの地にも必ずあるのざぞ、天地合せ鏡と聞かしてあろがな、天に太陽様ある様に地にも太陽様《おひさま》あるのざぞ、天にお月様ある様に地にもお月様あるのざぞ。天にお星様ある様に地にもお星様あるのざぞ。

第十九帖（七六〇）

中今《なかいま》と申すことは、ゝ今と申すと。ゝは無であるぞ。動きなき動きであるぞ。そのことよくわきまへよ。今迄のこと、やり方かえねばならん。一段も二段も三段も上の広い深い、ゆとりのあるやり方に、神のやり方に、規則のない世に、考へ方、やり方、結構であるぞ。

第九帖（二一二）

人神とまつはれば喜悦《うれ》しうれしぞ、まつはれば人でなく神となるのぞ、それが真実《まこと》の神の世ぞ、神は人にまつはるのざぞ、ゝと○と申してあろが、戦もゝと○と壊し合ふのでは無いぞ、ゝと○とまつらふことぞ、岩戸開く一つの鍵ざぞ、和すことぞ、神国真中に和すことぞ。それには○掃除せなならんぞ、それが今度の戦ぞ、戦の大将が神祀らねばならんぞ。二四《にし》は剣ざぞ。神まつりは神主ばかりするのではないぞ、剣と鏡とまつらなならんぞ、まつはれば霊となるのざぞ。霊なくなってゐると申して知らせてあろがな、政治も教育も経済の大将も神祀らねばならんのぞ。天の天照大神様は更なり、天の大神様、地《くに》の天照大神様、天照皇太神様、月の神様、特に篤く祀り呉れよ、月の大神様御出でまして闇の夜は月の夜となるのざぞ。素盞鳴の大神様も篤く祀りて呉れよ、此の神様には毎夜毎日御詫びせなならんのざぞ、此の世の罪穢れ負はれて陰から守護されて御座る尊い御神様ぞ、地の御神様、土の神様ぞ、祓ひ清めの御神様ぞ、国々の産土の神様祀り呉れよ、遅くなればなる程苦しくなるのざぞ、人ばかりでないぞ。十二月八日、ひつ九のか三。

第二十一帖（五三二）

言はれる間はよいぞ。読まれる間はよいぞ。綱切れたら沖の舟、神信じつつ迷信に落ちて御座るぞ。日本の国のミタマ曇ってゐることひどいぞ。外国、同様ながら筋通つてゐるぞ。型にはめると動きないことになるぞ。型外せと申してあらうが。自分で自分を監視せよ。顕斎のみでも迷信、幽斎のみでも迷信、二つ行つても迷信ぞ。二つ融け合つて生れた一つの正斎を中として顕幽、両斎を外としてまつるのが大祭りであるぞ。荒、和、幸、奇、ミタマ統べるのが直日のみたま。みすまるのたまぞ。今度は、直日のみでなくてはならん。直日弥栄えて直日月⊕の能《ハタラキ》となるのぞ。食物気つけよ。信仰は感情ぞ。飢えた人には食物。神よ勝て。人間勝つてはならんぞ。かのととり。一二十

第十三帖

父のみ拝みたたへただけでは足りない、母に抱かれねば、母の乳をいただかねば正しく生長出来ないのであるぞ。一神として拝んでも足りぬ、二（柱）でも一方的、十万柱としても一方的ぞ、マイナスの神を拝《おろが》まねばならん、マイナスの神とは母のことぢや、天にましますく父のみでは足りないぞ、天にあれば必ず地にもあるぞ一即多即汎、地即天、天即地から表即裏である、マコトを行じて下されよ。

三部　愛について

ひふみ神示に曰く。「夫婦は天国の第一歩」「色の乱れがヨの乱れ」

私自身が感じていたのは、性的な罪悪感についてである。性犯罪の根底には、性を良くないものとする罪の意識がある。

男女の性行為を恥ずかしいものと思うのは、一般的には当然の心理とされている。恥ずかしいので隠しておく。人に見えないように、秘め事として行う。

性行為は、むやみに誰とでもするべきことではないが、正しい認識を子供に伝えないと、性行為を持った時に、自分を責めて、後ろめたい思いをさせてしまう。

いやらしい、穢らわしいと思う行為によって子供は産まれてくる。

男女が愛し合うのは自然なことで、祝福され結婚するのに、性行為は、恥ずべきことと無意識に感じている。

もちろん、お互いの同意と責任が必要であり、その確証が〝結婚〟であり、結婚した男女にのみ許される行為として、婚外の性行為は罪であるとされてきたのだろう。

子供ができた時に、その子がどこに属するかも大切な問題だ。

現代の日本では、父系の姓を名乗り、父方のお墓や財産を継ぐのが一般的だが、太古の日本や地球のどこかの国では、母系を継承する。母親は子供をお腹に宿すので、血筋に疑いの余地がない。一方、父親は、性行為をしたという証拠しかない。

現在のように、一夫一婦制の婚姻ならば、父親は確定するが、多夫多妻になってしまうと、特定は不可能だ。

家系を守り、財産を継承する必要性からも婚外の性行為は禁止されてきた。

性欲、情欲は、人間の理性を狂わせるほど強い欲望であり、暴走しないように歯止めがかけられた。

この成り行きも、当然ではあるが、〝愛〟という見地からすると様相が少し変わってくる。

男性と女性は、なぜ魅かれ合うのか。

宇宙の成り立ちの中に、二極分離をして、流れが生じ、あらゆる物が生みだされたと書いたが、男性と女性も、相対する二極になっている。

電気は、プラス極からマイナス極へと流れる。その流れがエネルギーだ。

磁石を近付けると、プラスとマイナスは、強く引き合うが、プラスとプラス、マイナスとマイナスは反発する。

人間は、宇宙の根源へ回帰する本能を持つようで、二極分離する前の状態へ戻ろうとする働きが起きるのではないだろうか。

陽と陰が引き合って、一つになろうとする。男女が引き合うのは、理屈ではなく自然の摂理であり、理性で抑え切れるものではないようだ。

ひふみ神示は、「陽と陰だけで和するのではない。三つが一つになって、和する」と言う。男と女なら誰でもいいのではなく、たましいも引き合う相手を捜せということか。

性行為は、「魂の取りやり」ともあり、エネルギーが流れるだけに、お互いの相性が大切になってくる。

相手を選ぶ時に、自分の中に性的罪悪感があると、色眼鏡をかけて白い物を探しているようなもので、合わない相手を、「この人しかいない」と思い込んでしまう。

本当に大切な人を、性行為という汚れた行為の相手に選ぶのは良心が許さない。心のどこかでそう思い込んでいる。ならば、あまり大切でない人を選んで性行為をする分には良心は痛まない。

執着か愛かを見極めるには、まずは自分自身のクリーニングが必要だ。ある程度クリーニングされた時、自分を大事にしてくれる相手が見つかる。

自分を責めていれば、相手も責めてくる。冷淡な人や意地悪な人と恋に落ちたとすれば、自分の内にそれがあるからだ。常に支配される人は、立場が逆転すれば支配する側にまわる。自分の内面を知るには、恋愛はもってこいの鍵となる。

最高の相手と出会いたければ、自分をクリーニングするしかない。

自分の好みにあてはまり、とても親切に接してくれる相手を見つけたいものだ。思いやりと慈しみが感じられ、愛に満たされ、穏やかで、ありのままの自分でいられる相手こそが、最高のパートナーだと思う。

〝執着〟は苦しくなるばかりで、現実も一向に良い方向に進展しない。そういう時は、手放すのが最善の方法だが、それもできないのが実情だ。根深い痛みがあるので、それをクリーニングする。心の底にしまいこんでいる痛みの記憶、どうしても自分を許すことができない。自分を愛することができない。よくよく傷ついてしまったのだろう。癒せるのは〝愛〟だけだ。そして、時の経過に任せるしかない。すべての人の内に神格があるので、本人を信頼して待つしかない。いつか必ず、一筋の光が差し込むだろう。

私達の現実は、自分の想念の結実だ。つまり、どんなに嫌な現実も、自分の内面が表出したものだ。人のせいにしても幸せにはなれない。恋愛も同じで、相手のせいにしているうちは、決して幸せな未来は訪れないだろう。

私も、恋愛から多くを学ばせていただき、クリーニングも進んだ。語りつくせないほどの痛み苦しみとの闘いだった。自分を責め傷つける日々が長年続いたが、それもいつかは飽きるようで、憑きものが落ちたように考えなくなっていった。その間、いろいろなヒーラーや書籍にお世話になり、友人にも助けられ、人のせいにしないようになり、執着がとれた。

愛が不足すると、誰からも愛されることのない自分を演じてしまう。

逆に、自分から人を愛そうとはしない。本気で好きになっても、振られるに決まっていると思い込んでいるからだ。

相手にされないのが恐いだけなのに、自分の方から相手にしない態度を決めこむ。

あるいは、別の次元の崇高なレベルの愛に持っていき、現実がうまくいかないのは、相手がそれに気付いていないだけだ、と思おうとする。

具体例を挙げると、責めるようになるので、あまり書きたくはないが、どちらの例も、相手のせいにしている事実だけは、確認してほしい。

かといって、「愛そう」「信じよう」と努力しても、十中八九、実を結ばないようだ。前述したが、「愛そう」は、「愛せない」の裏返し、「信じよう」は「信じられない」の裏返しで、そう思うこと自体が、すでにさかさまだから。

パートナーとして末永く一緒にいられる相手ならば、何もしなくても、自然に寄り添ってしまう。お互いに分かり合ってしまう。

だが、クリーニングの過程においては、「愛そう」「信じよう」と努力するのも無駄ではない。何が〝愛〟なのか考察してみるのは、クリーニングにとっては、とても良い方法だと思う。

恋愛だけではなく、家族、友人、人類愛へと〝愛〟を拡げていくにも、基本はクリーニングだろう。自己中心的な〝自己愛〟ではなく、自分をありのままに受け入れて愛せるようになれば、人類全体、地球全部、宇宙全部にまで愛は拡がっていく。

ある時、胸のまん中あたりで、フカーッと空気がもれていると気が付いた。軽い円心運動をしている時だった。身体を回すたびに、フカーッと空気がもれている。胸に穴が空いている……、と感じた。時々、胸が痛くなるのはこの穴のせいだったのか、もともと気管支が弱く、数回、肺炎になっている。

「愛そう」とする努力を続けているうちに、穴が小さくなるのがわかった。胸のやや左寄りに、縦に亀裂が入っていた。もともとの穴はまん中あたりで、位置も深かった。それが、浅い場所へ浮き出してきて、穴が小さくなっていった。もちろん肉体ではない。オーラ体の部分だ。

ひふみ神示によれば、「真理から入る方がやさしいが、誤りやすい。愛から入るのは難しいが、誤りがない」そうだ。

霊力で、人を驚かし、服従させるのは簡単かもしれないが、愛がなければ、ただの支配者になってしまう。

真理を説いても「我よし」では、いつか、底が割れてしまう。「我よし」とは、我が強く自分の正しさを主張しようとする心だ。

〝愛〟は、何かを主張しない。証明もしない。あるものをあるがままに受け入れる。

自分がどんな性格でも、過去に悪いことをしたとしても、全部を許して受け入れる。難しいが逃げてはいけない。逃げれば堂々巡りになってしまう。本気で決意すれば、宇宙は動く。

何でこんな目に合わなければいけないのか……、と思うような出来事も起きてくるだろう。苦しくてたまらない時、これも全部自分が招いた結果なのだと気付けば、道が開けてくる。どんなひどい状況でも、大事なことを教えてくれていると感じられるようになれば、感謝が生まれ、現実は逆転する。

仕方のないことだが、痛みの強い時は文句ばかり言って感謝をしない。だが、良く考えてみれば、自分よりもっと悲惨な状況の人もいるし、生きているだけでも有難いと思える。強制はしないが、考え方を少し変えるだけで、心に余裕が生まれる。たとえば、どん底だと思えば苦しいが、これ以上底はないと思えば、後は上がるだけだと、希望が湧いてくる。

この切り替えができた人は、どん底から這い上がり、成功者となる。

〝愛〟はどんな状況も否定しない。本来、愛以外のものなどない。人間がどう感じるか、だけだ。「無償の愛」という概念を作ること自体が、すでに「無償の愛」ではない。

このパラドックスを踏まえて、「愛」を考察するしかない。

「決意をすれば宇宙が動く」と書いたが、クリーニングは自分でできるものではなく、高次の存在の助けが必要だ。親が子供を見守るように、いつも高次の存在達が見守り、助けを求めれば助けてくれる。助けを求めなければ、本人の自由意志が尊重されるため、見守っているしかない。子供が自分でできることまで手助けをすれば、却って成長の妨げになるだけだ。自分でできる努力はしなければならない。自分の痛みと向き合い、変えたいと願う。それは、自分にしかできない。もっとも、気付かせてもらう場合が多いが。

宇宙は〝愛そのもの〟だが、自分が受け取らないだけだ。なぜなのか。

三次元は分離の次元であり、今までは分離の時代だった。しかも、地球の周囲にはあらゆる記憶を貯蔵する場所があり、人間はあえて、痛みの記憶を持って生まれてくる。

これは、宇宙の法則だ。この法則も、愛が基本になっているはずである。

痛みを味わうのが〝愛〟なのか、という疑問がわくのは当然だろう。

しかしそれは、人間の二極的な発想でしかない。無償の愛に、価値判断があったならば、それは無償ではなくなってしまう。

私が、こうして書き綴っているものも、無償の愛からはほど遠い。人間の思考自体が、無償の愛ではない。思考のメカニズムが、分離だからだ。

崇高なもの、高次の意識になればなる程、思考が無くなり、単純になっていく。そして周波数が上がり、どんどん微細になっていく。

人間がはっきりと解るような心の声の類は、高次元からではない可能性が高い。

高次元の意識は、次元を落としてから人間に伝えてくる。簡単に言えば、「大神から神、神から人」とひふみ神示にもある。

三次元は、〝悪〟も含めて、様々な体験ができる場になっている。

遊園地で乗物を選ぶように、どんなアトラクションも体感できる場になっている。

価値判断がないからこそ、自由でいられるのだろう。

逆説的だが、人間が価値判断をするのも、宇宙の本質にとっては、ありのまま、なのだろう。

人間が、溢れる愛に気付かない振りをして、愛を受け取らないのも、分離を楽しんでいるからだろう。

ここは遊園地だと思えば、ここの規則に従い、楽しむのがベストだろう。

全ては、仮定なのだ。仮想世界だ。

三次元そのものが、空想の産物だ。

湖面に写った富士山のように、さかさまなのだ。

内に働く力が鏡。ひふみ神示の謎めいた言葉の意味も理解できる。確固とした現実などありはしない。

内にある意識を鏡に写すように写し出したのが外側の現実世界だ。

私達が感じる「無償の愛」も鏡の中のパラドックスでしかない。

〝愛〟は語るものではなく、感じるものだ。頭で理解するものではなく、身体が暖かく包まれるような感覚だ。

「無償の愛」に、より近付きたければ、まず、内面のクリーニングをして、こだわりや執着を手離し、比較をやめて、ありのままを受け入れる練習をする。

自分の内側が透明で、ゼロになれたなら、人を見る目もありのままになる。

人の言動をいちいち批判しないでいられるようになれば、自分も他人も縛られない。

『なんで、あの人はああなのか。この人はこうなのか』と思うのをやめよう。むしろ、それにこだわる自分の気持ちの中にあるものを観察してみよう。カッカとなる前に一呼吸おいて冷静になれば、対人関係の摩擦がなくなる。

何でも人のせいにするのをやめよう。

自分の態度や話し方が、穏和かどうか、常に省みれば、相手の態度が自分の反映だと理解できる。

家族だから、言わなくても解ってくれると思うかもしれないが、それでも自分がにこやかでいれば、相手も穏やかに接してくれるし、突っけんどんなら、険悪な空気にもなる。

家族の場合は、なおさら甘えが出て、『何で自分の気持ちを解ってくれないの』と思いがちだが、ならば、相手の気持ちを解ろうとしたかどうか自問してみるといい。

思いやりとはそういうものではないだろうか。自分の気持ちだけを押し付けて大げさに怒鳴るのは、精神面が非常に幼いということだ。自分の稚拙さが解ってくると、恥ずかしいと思うようになる。

愛されていないと感じていると、わがままな言動をとるようだ。『愛してほしい』という心からのSOSを出している。子供にお金や物を与えるだけでは、子供は愛されているとは感じない。

自分がありのままの自分を愛していなければ、子供にも愛は伝わらない。「口と心と行」の三つがバラバラで、本音と建前があれば、子供は不安になってしまう。

親の本心が理解できないと、子供はどうしていいかわからない。

子供の将来のためだと言いながら、本心は、見栄で進学させようとすれば、子供は、心のどこかで不信感を持ち、反発するようになる。

子供は大人より純粋で単純なので、裏側を察知してしまう。特に、自分の親に対しては本来、無条件で愛しているので、建前を押し付けられれば、理屈ではなく怒りを感じてしまう。本音でぶつかり合えば、けんかをしても、仲直りできる。譲り合う気持ちも生まれる。自分の気持ちを殺さないで素直に表現した方が、案外、人に受け入れられる。

本音を言わずに、表面だけ取り繕っていると、いつかは見抜かれてしまうだろう。たとえ人が気付かなくとも、自分が居心地の悪い思いをする。

お金があっても無くても、家族が本音で語り合い、思いやりを持って暮していれば幸せだろう。

逆に取り澄ましたように、いいことだけを言い、表面だけやさしく接していると、心が落ち着かず、居心地の悪い不安定な家庭になってしまう。

無意識にせよ、自分に嘘をついていれば、自分を悪い人間だと思ってしまうので、表面だけいい人になろうとする。

これを長く続けていると、疲れてストレスが溜まり、肩こりや身体の冷えなど、緊張により身体が固くなってしまう。

いい人になろうとする人は、根が真面目でやさしくて、元々はいい人だと思う。その分、無理をしてしまうようだ。

無理をしている自分に気付かせてくれるように、子供は行動する。

もちろん、子供だけではない。いろいろな問題が起きてきて、気付かせようとする。

それを人のせいにしないで、自分の内面を見つめ直して、クリーニングすれば、問題は解決する。

どんな問題も、解決する鍵は自分の内側にある。自分に嘘がなくなるまでクリーニングすれば、「口と心と行」の三つが同じになり、思った通りの現実が、瞬時に展開されるようになる。

三次元は〝思ったことが現実になっている〟という因果関係がわかりにくい。

『できる訳がない』『無理に決まっている』という思いがあるからだ。

もう一つは、嘘があるからだ。

本当の理想は到底叶わないので、そこそこの程度の願いなら叶うだろう、と思っている願いならば、その望みに嘘があるということだ。

例えば、「結婚したい」と口では言っていても、心の中では、『生活を安定させたいから』と思っているならば、まず、結婚はできないだろう。結婚以外にも生活を安定させる方法はいくらでもあるから。

本当に結婚したい人は、「結婚したい」以外の願いを持ってはいない。単純に「結婚したい」だけである。結婚すれば生活が安定すると思うのは、「生活を安定させたい」が本当の願いだ。

どちらが自分の本当の願いなのか解らないでいると願いが叶うはずがない。

心の中を整理して、クリアにしておかないと、常に混沌とした人生になってしまう。

結局は、人を愛する以前に、自分を愛せるようにならないと、人間関係もうまくいかない。

親子でさえも憎しみ合うのでは、決して幸せな人生は送れないだろう。

「無償の愛・無条件の愛」といった崇高で遠大な概念よりも、家族が仲良く、心豊かに暮らすためにはどうしたらいいか。人のせいにしないで、もう一度、自分自身に問うてみるのが、人として生きる最善の道ではないかと思う。それを理解して初めて、「無償の愛」に近付けるのだろう。

（ひふみ神示より抜粋）

第三十八帖（八二五）

はじめの喜びは食物ぞ。次は異性ぞ。何れも大きな驚きであろうがな。これは和すことによって起るのぞ。とけ合ふことによって喜びとなるのぢや。よろこびは神ぢゃ。和さねば苦となるぞ。かなしみとなるぞ。先づ自分と自分と和合せよと申してあろうが。そこにこそ神の御はたらきあるのぢゃ。ぢゃがこれは外の喜び、肉体のよろこびぞ。元の喜びは霊の食物を食ふことぞ。その大きな喜びを与へてあるのに、何故手を出さんのぢゃ。その喜び、おどろきを何故に求めんのぢゃ。何故に神示を食べないのか。見るばかりではミにつかんぞ。よく噛みしめて味はひて喜びとせんのぢゃ。喜びが神であるぞ。次には神との交りぞ。交流ぞ。和ぞ。そこには且って知らざりしおどろきと大歓喜が生れるぞ。神との結婚による絶対の大歓喜あるのぢゃ。神が霊となり花むことなるのぢゃ。人民は花よめとなるのじゃ。判るであろうが。この花むこはいくら年を経ても花よめを捨てはせぬ。永遠につづく結びぢゃ。結婚ぢゃ。何ものにも比べることの出来ぬおどろきぞ。よろこびぞ。花むこどのが手をさしのべてゐるのに、何故に抱かれんのぢゃ。神は理屈では判らん。夫婦の交りは説明出来まいがな。神が判っても交らねば、神ととけ合はねば真理は判らん。なんとした結構なことかと人民びっくりする仕組ぞ。神と交流し結婚した大歓喜は、死を越えた永遠のものぞ。消えざる火の大歓喜ぞ。これがまことの信仰、神は花嫁を求めて御座るぞ。早う神のふところに抱かれて下されよ。二月一日。

第三十九帖（八二六）

　何ごとが起ってきてもそなたは先づよろこべよ。それが苦しいことでも、かなしいことでも喜んで迎へよ。喜ぶ心は喜び生むぞ。人民よろこべば神よろこぶぞと申してあろが、天地はれるぞ。輝くぞ。そなたは先ばかり見てゐるぞ。足で歩くのぢゃ。足もとに気つけねばならんぞよ。そなたは自分ひとりで勝手に苦しんで御座るなれど、みなが仲よう相談なされよ。相談結構じゃなあ。相談して悪いことは気つけ合って進んで下されよ。

第五十三帖（八四〇）

これほどことわけて申しても得心出来ないのならば、得心の行くまで思ふまゝにやりて見なされよ。そなたは神の中にゐるのであるから、いくらあばれ廻っても神の外には出られん。死んでも神の中にゐるのであるぞ。思ふさまやりて見て、早う得心改心いたされよ。回心して仕事嘉言《よごと》と仕へまつれよ。結構じゃなあ。そなたは自分は悪くないが周囲がよくないのだ、自分は正しい信仰をしてゐるのだから、家族も知友も反対する理由はない。自分は正しいが他が正しくないのだから、正しくない方が正しい方へ従って来るべきだと申しているが、内にあるから外から近よるのだと申してあろうが。そなたは無抵抗主義が平和の基だと申して、右の頬を打たれたら左の頬をさし出して御座るなれど、それは真の無抵抗ではないぞ、よく聞きなされ、打たれるようなものをそなたがもってゐるからこそ、打たれる結果となるのぢゃ。まことに磨けたら、まことに相手を愛してゐたならば、打たれるような雰囲気は生れないのであるぞ。頬をうたれて下さるなよ。生れ赤児見よと知らしてあろうが。

第二十二帖（五三三）

神まつれ、祖先まつれ、子孫まつれ、心まつれ、言葉まつれ、行まつれ、食物まつれ、着

るものまつれ、住居まつれ、土地まつれ、感謝感謝で喜び来るぞ。奇蹟では改心出来んのであるぞ。かのとどりの日。ひつ九十

第十五帖

サニワは、場合によって霊媒を誘導してもよいぞ、又霊に向って常に愛を持って接しなければならんぞ。誰でも絶へず霊界とのつながりがあり、霊界からの呼びかけがあるからサニワはそれを助け、導くように努力しなければならんぞ。

第十二帖

ささげるもの、与へるものは、いくらでも無限にあるでないか、ささげよささげよ、与へよ与へよ、言《ことば》こそは誰もがもてる其（理）のささげものであるぞ、与へても与へても無くならんマコトの宝であるぞ。

第七帖（三二七）

神の臣民に楽な事になるぞ。理屈無い世にするぞ。理屈は悪と申してあろが、理屈ない世

に致すぞ。理屈くらべのきほひ無くして仕舞ふぞ。人に知れん様によいことつとめと申してあろが。人に知れん様にする好い事神こころぞ。神のした事になるのざぞ。行けども行けども白骨と申したが、白骨さへなくなる所あるぞ。早よ誠の臣民ばかりで固めて呉れよ。神世の型出して呉れよ。時、取違へん様に、時、来たぞ。八月一日、あめのひつく神。

第六帖

和すには5と5でなくてはならんが、陽が中、陰が外であるぞ、天が主で地が従ぞ、男が上、女が下、これが正しき和ぞ、さかさまならん、これが公平と申すものぢや、陰と陰と、陽と陽と和しても陰ぢや、陽と陰と和して始めて新しき陽が生れる、陽が本質的なもの、この和し方がはらひきよめ。

第六十七帖（五七八）

慢心出るから神示読まんやうなことになるのぞ。肚の中に悪のキ這入るからぐらぐらと折角の屋台骨動いて来るのぞ。人の心がまことにならんと、まことの神の力現はれんぞ。みたまみがきとは善いと感じたこと直ちに行ふことぞ。愛は神から出てゐるのであるから、神に祈つて愛さして戴くやうにすると弥栄えるぞ。祈らずに自分でするから、本を絶つから、われよしに、自分愛になるのぞ。自分拝《オロガ》むのは肉愛でないぞ。（十二月十四日）

第九帖（七九六）

気の合う者のみの和は和ではない。色とりどりの組合せ、ねり合せこそ花さくぞ。総てが神の子ぢゃ。大神の中で弥栄ぞ。大き心、広き心、長い心結構。中々に合わんと申すなれど、一つ家族でないか。心得なされよ。

夫婦けんかするでない。夫のみいかんのでない。妻のみ悪いのでないぞ。お互に己の姿を出し合ってゐるのぞ。よく会得せよ。

判らんことが更に判らなくなるぞ。きゝたいことは何でもきけよ。大グレ目の前。アホになれよ。一先づは月の代となるぞ。ひっくり返り、ビックリぢゃ。

第二十六帖（八一三）

現状を足場として進まねばならん。現在のそなたのおかれてゐた環境は、そなたがつくり上げたものでないか。山の彼方に理想郷があるのではないぞ。そなたはそなたの足場から出発せねばならん。よしそれが地獄に見えようとも、現在に於てはそれが出発点。それより他に道はないぞ。十二月三十一日。

第二十七帖（八一四）

はらひは結構であるが、厄はらひのみでは結構とはならんぞ。それは丁度、悪をなくすれば善のみの地上天国が来ると思って、悪をなくすることに努力した結果が、今日の大混乱を来したのと同じであるぞ。

四部　クリーニングについて

今まで、再三、クリーニングの重要性を書いてきたが、もう一度、具体的に述べようと思う。

私の場合は、平成五年に〝真気功〟の合宿に参加し、平成六年に「日月神示」を読み、離婚、平成七年に再び〝真気功〟の合宿に参加し、生駒山で阪神淡路大震災に遭い、その日にヒーラーの資格を得て帰途についた。

平成七年一月十七日の午前五時五十五分、生駒山の合宿所でざこ寝状態で寝ている時に、下にズーンと引っ張られるような揺れを感じ、時計を見た。規則が六時起床なので、他の人を気遣い誰も起き上がらずにいた。六時起床の合図と共に、一斉に起き出したのを憶えている。

その日の午前十一時頃、名古屋駅から東京方面行きの新幹線に乗った。思った程の混雑もなく、連れと一緒に、ちょうど二つ空いていた席に座った。途中で見た富士山が、あまりにも綺麗で、ひふみ神示の一節「富士は晴れたり、日本晴れ、岩戸開けたり」を思い出していた。

合宿の初日に、中川雅仁先生の気功を受けた時、頭の中が真っ白になり、光に包まれているのを感じた。一瞬だが、何も考えられなくなっていた。その体験は一度だけだったが、合宿中は十日間、朝、昼、晩、気をかけていただいた。

次の年には、〝気〟を機械で測定できる波動測定機に興味を持ち、講習を受けた。

その頃の私は、目に見えないものを科学的に証明してくれる道具が欲しかったのだろう。

私の読みたい傾向の本が、「精神世界」という括りにされていったのもその頃だと思う。

暇があれば、本屋に通った。

ヒーラーになる以前は、『すごいなあ』と思い感心するだけだったが、この頃になると、自分の考えと著者の考えを比較して、自分なりの見解を持てるようになっていた。

平成六年に「日月神示」を読み、その後、不思議な霊体験をした。

自分の心の声とは明らかに違う波動で語りかけられ驚いた。道を歩いていると、空気がウインクした。別のある日は、空気がスーッと近付いてきて、唇に触れた。

私は毎日、心の中で神様とお話ししていた。

そんな日が一か月程続いた時、『今は特別な方法で通信している。これからは、もうそれはできなくなる』と言われた。それ以来、自分と別の波動で話しかけられることがなくなった。

私は自分が特殊な人間だとは思っていない。本来、誰もが神であり、内なる神とのつながりを強くしたいと望めば、その通りになる。

単純に、意識の向け方、興味の向かう方向性の問題であって、誰でもできると思う。

内なる神、神格とのつながりを強くしたければ、クリーニングするしかない。

ひふみ神示も、「掃除だ。洗濯だ」と繰り返している。

「身を立てるな。自惚れるな。我を出すな」これも何度も言われることだ。

この「身を立てない。自惚れない。我を出さない」を実行すると、自然にクリーニングされていく。

山に籠り、滝に打たれるより、里にいて、身近な人を鏡とし、この三つを実行する努力をする方が、ずっと修行になるだろう。

自分だけが悟りたいと願うのは、我欲でしかない。ひとりで修行するのは、人間関係の煩わしさから逃げたいだけではないのか。

この煩わしい人間こそが、最もよく自分を写す鏡となり、クリーニングの手助けをしてくれる有難い存在なのだ。

神や宇宙の法則が少し解りかけてくると、他人との間に溝ができ、自分の考えを理解してもらえない悔しさから、理解できない人々を貶めるようになる。『何も解ってないくせに』などと思いがちだ。だが、これが「自惚れ」だ。

「自惚れ」という落とし穴は、いたる所に潜んでいる。

自分だけが何でも知っていて、自分の判断が正しく、従わない方が間違っている。

これに、霊力などが加わると、普通の人はたじたじとなってしまうだろう。

類は友を呼ぶ。自分の意識に見合った霊がやってくる。

宇宙の本質には価値判断がないため、悪意であろうと、「力」を望めば、力が与えられる。

共振・共鳴の作用が働き、自分の発している波動と似たものがやってくる。愛を望めば愛が。力を望めば力が。

「自惚れ」は、自分より上位の存在を許せない。「みんな神だから、みんな同じで平等だ」と考えようとする。誰でも成りたいものになれる、と安易に考える。

ひふみ神示は、「悪平等」と言う。

三次元の人間的平等は、共産主義の考え方によく現われているようだ。結局は、一部の頭のいい人達に利用されているだけで、真の平等とは言い難い。

外に置かれた神を信仰すると、必ず支配される。神には絶対服従せねばならないと教えられるからだ。神と人は、全然別のものであり、人は常に、神の下に傅《かしず》く下僕とされてしまう。

これでは、本来の神の尊厳も、人の尊厳もない。

自惚れの強い人は、真の神との接点を持てない。自分より上があるのを認めたくないからだ。

自分が頂点に立ってしまったら、成長が止まってしまう。上があり、先があると思えば、目標ができ、それに向かって努力する。

自分が何でも知っていて、完璧で、他人は自分に従うものだとなれば、他から学ぶものがなくなってしまう。

宇宙は、常に動き続けていて、「弥栄から弥栄へ。無から有を生み、有から無を生む」と言われるように、成長し続けていく性質を持つ。ゆえに、成長を止めると、宇宙の法則に反してしまう。

自惚れの強い人ほど、自分にはクリーニングなど必要ないと思い込む。

クリーニングの必要ない人など、三次元には存在しない。波動からいっても、三次元の粗い波動の中に、高次元の微細な波動は止《とど》まれない。

高次元の意識や記憶を持っていたとしても、三次元に影響を受けざるを得ない。高次元になればなる程、微細だと理解できれば、低い波動の意識を見分けられるようになる。

神審（さにわ）のコツとして覚えておくと役に立つだろう。

微細になればなる程、速度も増し、軽くなる。三次元の人間には、感知しづらくなる。

自分の神格は自分に理解できるように、その都度、波動を合わせてくれている。内なる神とまつろえば、誤った方向に行かないように、導かれる。

「我を出さない」、これも簡単なようで難しい。ひふみ神示は、「小我を捨てて、大我に溶け入れ」とも、「我はあってはならず、無くてはならず」とも伝える。

「我」あるいは「エゴ」とは、どんな働きをするのだろう。

「自分さえよければいい」という自己中心的な思いは、「我」としては最も解りやすいが、家族のため、社員のため、社会のため、と、口では言っていても、裏に我欲が隠れている場合が多くある。

自分の考えを押し付ける。自分の不安を投影して『できるはずがない』などと決めつけてしまう。

家族を大事にしているようでも、一人になるのが不安なだけで、結局、家族を縛っている。社会のためと言いながら、人から認められたい、権力を持ちたい、偉くなりたい、といった欲望を上手に隠している。

生活をより豊かにしているつもりが、環境を破壊している。山を切り崩し、川や海を埋め立てて、高速道路やマンションを建て、生活を便利にしているつもりが、環境汚染・破壊となって我が身に返ってくる。人間は自然の一部でしかない。自然から切り離されて生きられると思っているかのようだが、絶対に不可能だ。

人類は、自然には勝てない。雨が百日続けばどうなるか。晴れが百日続けばどうなるか。気温の変化や地震や台風に向かっていってもどうにもならない。ある程度はコントロールできるかもしれない。できた気になっているかもしれない。川をコンクリートで固め、決壊を防ぎ、ダムを造り水量を調節する。冷暖房装置を造り、室温を一定に保つ。

そういった小手先の小細工が却って環境を破壊する。空調の室外機は、外に熱を放出して、ヒートアイランド現象を起こす。

自分の身さえよければいいと考えていると、いつか必ず、しっぺ返しがくる。

我欲の強い人は、自己愛が強いようにみえて本当は自分を愛していない。本当に自分を大事に思い、愛することができていれば、自己中心的ではいられなくなる。

自分が愛で満たされたとき、人を思いやり、社会に奉仕するのが喜びとなる。

宇宙の本質が喜びであり、愛なので、人間もその方向に引っ張られる。心の中の天使と悪魔が闘っている漫画をよく見かけるが、人間の良心は、愛を忘れないためのツールなのだろう。だが、「愛さねばならない。奉仕せねばならない」と考えると自分を縛ってしまう。

自由がないところに真の喜びはない。自由に伸び伸びと自分らしく生きて、なおかつ、社会全体との調和が保たれ、奉仕できる。

そんな理想の社会が実現するはずはないと思うかもしれない。が、自分一人がクリーニングされるだけで、全体が、その理想に一歩近づく。まずは自分をクリーニングしよう。あの人が私を苛立たせるのではなく、何事にも動じない穏やかな私になろう。

人のことはともかく、自分が心豊かに穏やかに自由に暮らしたいと思うなら、是非、クリーニングに挑戦してほしい。

十年前、二十年前には考えられなかったようなことが、現実に起きている。

ＵＦＯやオーラやスピリチュアルなど、今では誰でも知っている言葉だが、十年前くらいまでは、一部の変わった人達だけの用語だった。

もっと深く勉強すれば、つい百年前くらいには、狐に騙されたり、火の玉を目撃するなどは、日常茶飯事だったと解る。さらに時代を遡ると、陰陽道《おんみょうどう》や風水など、超自然的な力を利用して生活していた。

誰もが霊の存在を肌身で感じていた。

現代人は、そういったことを非科学的と言うが、むしろ、科学がそれを証明し始めている。

人の想念エネルギーが、実験結果に多大な影響を及ぼすことや、原子の世界では、全く無の空間のはずなのに、物質が忽然と姿を現すことなど、科学者達が証明してくれた。学校の教科書さえも、どんどん書き換えられている。もし、ダーウィンの進化論が正しいならば、今でも人間は進化し続けていなければおかしいだろう。あるところで進化は止まり、人間はそれ以上変化しないと考える根拠はどこにあるのか。肉体面は、とりあえず使い易い、バランスが取れている、美しいなどあるが、日本人も、十年前、二十年前と比べて、顔が小さく手足が長くなっている。確実に変化している。言語にしても、言葉の意味内容や使い方が、少しづつ変化している。

脳にしても、コンピューターに対応できるように進化し、一つの仕事をコツコツこなすより、マルチな才能を持って活躍する人が増えている。

進化論がどの程度正しいかは、議論の余地があるが、いずれにしても、人間は、日々変化し、進化し続けているようだ。歳を重ねて老化が始まると、新しいものを修得するのが難しくなるようだが、肉体年齢とは関係なくいつまでも若々しい方は、逆にどんどん新しいことにチャレンジしている。

老化したくなければ、常に好奇心を失わずに、楽しいことを見つけ、人間関係を整えることをおすすめする。

なぜ人間関係を整えるかといえば、人は一人でいると、考え方や行動範囲が狭くなり、生きるのがだんだんつまらなくなるからだ。

家族や友人と、仲良く、喜びを分かち合っていれば、生きるのが楽しくなり、将来の希望も湧いてくる。

人とのつながりをなくせば、自分一人、生きていてもいなくても、どうでもよくなってしまう。もちろん、一人が大好きなら別だが。

むしろ、人の役に立っていれば、生き甲斐になり、元気が出る。

病気や老化で肉体が動かなくなっても、生きている限り、周囲の方に笑顔で接していられれば、人の輪ができる。死ぬのを待つばかりでは、あまりにも淋し過ぎる。

若い方でも、病気や事故で突然亡くなる場合もあるのだから、歳をとったからといって、身体が弱っているからといって、早くお迎えが来ればいいと思うより、今日も一日生きられたと思えば、世界の見え方が変わってくる。

宇宙の実相を知れば、三次元で生きた時間が愛おしいと思えてくる。

自分だけを大事に思い、何とか人よりいい暮らしを手に入れたいと望むのは、はかない蜃気楼を、現実だと思い込んで、掴み取ろうとするようなものだ。

それでも、一時の栄光を手に入れたいのだろうか。自分さえ良ければいいのだろうか。

自惚れは自滅への第一歩だと、思わないのだろうか。

人にチヤホヤされたいと思うのは、本当は淋しいからだと気が付いて、自分から人にやさしくすれば、少しずつでも、心に小さな灯りが点る。また、傷付けられるかもしれないが、怖れずにいれば、助けもいつか現れる。神はいつも守ってくれている。

神を信じろと言われても、大抵の人は無理だろう。だが、高次の意識体達は、本当に、私達を見守ってくれている。

ならば、どうしてこんな辛い目に逢わなければならないのか。痛みの強い人はそう思うだろう。

痛みに気付き、クリーニングするためには、辛い現実も起きてくる。

人は、人を傷つけ苦しめた時、同時に自分自身を傷つけ苦しめている。

人に多大な苦しみを与えてしまったと感じている人ほど、自責の念が強く、心に蓋をして、二度と見まいとする。

こうなると、自分は生きる資格もない、人に愛される資格もない、最低の人間として、心のどこかで、傷を引きずり続けていく。

この傷を癒さない限り、真の安らぎは得られない。自分に嘘をつき続けて生きていくようになる。その嘘を白日のもとに曝《さら》し、気付かせるためには、辛い思いもしなければならない。神には価値判断はないので、責めるためではない。単に本質的な愛や喜びと反する思いが、表面化するだけなのだ。

いつまでも心の底にあり続けられなくなった痛みが、表出する。

クリーニングは、本来の自分以外のものを、全部消去して、神である自分に戻るための作業だ。

どぶさらいのように、一度は、汚いものがかき回される。川の底に沈んだ泥を洗い流すには、その過程で、泥まみれにもなる。沈んだままにしておけば、知らないうちに心に苦しみがはびこる。生きるのが嫌になったり、病気になったりする。

外に出してしまえばすっきりする。その後は、心の底から喜び、自由で幸せに暮らせるようになる。

宇宙の浄化作用は、人間的な価値判断とは全く違う。善悪判断からクリーニングするのではない。一人一人の人間の望みが、表面意識と潜在意識とで異なると、そこに葛藤が生じる。

この葛藤が、病気や事故や苦しみの原因となる。生来の自分、神格意識と異なる自分を演じていると、元に戻ろうとする力が働く。

表面意識が、「いい人になりたい。人から良く思われたい」と思っていると、潜在意識は「自分はいい人じゃない。それに人が気付けば、みんなが自分を嫌いになるだろう」と思っている。だが、神意識は、自分を「いい人」とも「悪い人」とも思ってはいない。「たましい」として持ってきた個性を、あるがままに表現しようとするだけだ。

そのためには、「いい人、悪い人」など関係ない。いい人になろうとして、思うように自己表現ができなくなり、悪い人として自己否定する思いを取り除きたいだけだ。その思いが、神意識の自己表現を邪魔している。

人から見て、いい人であっても、悪い人であっても、「たましい」の個性は、表現されることを望む。

痛みや不安に惑わされ、善悪、正邪を勝手に決めてそれに執着していると、本来の自分として生きられない。

百合はバラにはなれないし、バラもまた、百合にはなれない。白い百合は、赤いバラとは違う。

自分は、自分以外の何かにはなれないし、なる必要もない。

あるがままの自分を取り戻すために、浄化作用が起きてくる。苦しい、辛い現実をクリアすれば、自由で愛に満たされた、不安のない自分として生きられる。

そこに到る過程の苦しみをなるべく少なくしたければ、苦しみを人のせいにしないで、感謝することだ。自由な自分に戻れると思えば、有難いと感じるだろう。その段階では、『有難いどころか、何でこんな思いをしなければならないのか』と思うかもしれないが。反発すると余計に苦しみが長びくので、覚悟しておこう。

今は、光が強くなっており、痛みや不安が浮き上がり易くなっている。クリーニングには絶好の機会だ。

社会全体を見ても、天国と地獄の両方が、くっきりとしている。

二十年位前までは珍しかった猟奇的な事件が、今は日常的に起きている反面、環境を守る技術が次々と登場し、裏表のない人が人気者になっている。

ひふみ神示に「空を飛ぶような人と地を這うような人」とあるが、それ位極端な様相を呈している。

自分の選び方、心がけ次第でどちらにでもなれるので、好きな方を選択すればいい。

選択できるという事実すら知らずにいれば、否応なしに流されてしまうので要注意である。

「身を立てるな」は、お金との関係が強いようだ。

お金がないと生きていけない。今の世の中ではそう考えるのも無理はない。かくいう私も、そう思っていた。

現実問題として、食べ物を買うのも、電車に乗るのも、電話をかけるのも、何もかもにお金が必要だ。

お金のいらない社会になる、などと言われても、絶対に信用できない……と、思うほど今の生活に浸り切っている。

だが、「身を立てるな」を実行しようとすれば、収入がなくなる恐怖を感じるだろう。

精神世界系の本の中には、人の役に立つことをしていれば、自然とお金が入ってくる。あるいは、ワクワクすること、楽しいことをした方が、お金が儲かると書かれたものが多い。

一見正しいようで、見事にさかさまの考え方だ。

それでは「身を立てる」とはどういうことか。

今の日本の社会においては、収入の多い方が尊敬されもてはやされる。反対に、現金そのものを得られない仕事をしていると、税金もろくに払っていず、国のためにも社会のためにもあまり役に立っていないように思われてしまう。が、農業従事者や、子供を育てる母や主婦は、お金を稼ぐよりも、人間としてもっと大事なものを育てている。

昔の家族は、役割り分担があり、家族の生活を守る父と、子供を産み育て、家族の健康を守る母がいた。今は、特に都会では、夫婦共働きでないと、生活が成りたたなくなっている。目先のお金と、物質面で不自由しない暮らし。それを守るために、もっと本質的に大事なものを失っている。

子供にとって必要なものは、親の愛情であり、お金や物ではない。

「身を立てる」とは、一般社会的に見たいい人になることだろう。父親なら、お金を稼いで、家族に豊かな暮らしをさせられること。母親なら、良妻賢母になって家計を切り盛りすること。

表面的に見れば、全部、ほめられるべきことで、いいことばかりだ。

では、何がさかさまなのか。

要は、経済か基本になっていると気が付かないからだ。

まず、経済があり、それを立てるために生活が回っている。

本来、神格が中心になければならないはずなのに、中心が経済に取って替わられている。

「身を立てる」意識には、「自惚れ」も「我欲」も含まれている。

この三つは、いずれも、中心に神意識がない状態だ。我欲が中心に居座り、神意識がかすんでしまっている。

さかさまから正位置に戻るためには、我欲を捨て、心の中をクリーニングしなければならない。

我欲を捨て、クリーニングするとお金がいらなくなる。不思議なもので、いらないと思った途端にお金が入ってくるようになる。

それは、心の中が満たされたからだ。

神格とつながり、心が穏やかになり満たされると、執着がとれていく。

『お金が欲しい』と思うのは、お金がないからだ。充分に満たされるだけの収入がないと思っているからだ。

不足を言えばキリがない。それでも生きていられるだけの食べ物や住む場所があるのなら幸せだろう。世界には、住む場所もなく、食べ物どころか飲み水さえろくになく、人が死んでも放っておかれるような地域もある。

日本に生まれて幸運だと思った方がいい。本当は、自分がとても恵まれているのだと気が付けば、多少の貧乏は乗り込えられる。

心が貧しいから生活が苦しくなる、自分を責め、人を愛そうとしないのは、心に痛みや不安があるからだ。これを癒さないで、我欲の願い事ばかりしても叶わない。

宝クジなど買ってみても、ほとんど当たらない。もし当たったとしても、そのお金は幸せをもたらすことはないだろう。

前述したが、『どうせ自分は愛されない』『愛される資格がない』『生きている価値のない人間だ』などと思っていたら、決して幸せにはなれない。不幸が自分にとって見合っていると思いこんでいるのだから、当然だ。

どんどんクリーニングが進むと、心が明るく軽くなってくる。内なる神格の意識が自然に解るようになる。くよくよしなくなって、毎日が楽しくなる。やりたいと思うことが、あっさり叶っていく。必要なものが、降ってくる感じで、不自由しなくなる。

一生懸命、願い事を叶えようとしなくても、すぐに思い通りの現実が展開する。

自分から逃げない。そう誓うだけで、クリーニングは進行していく。起きること全てに感謝すると、加速度的にクリーニングされていく。

自分を守ってくれている高次の存在達がいると、心から納得できれば不安がなくなる。

クリーニングのポイントをもう一度おさらいしてみよう。
一、人のせいにしない。
二、自分と向き合う。
三、口と心と行の三つを同じにする。（自分に嘘をつかない。本音と建前を別々にしない）
四、身を立てない。我を出さない。自惚れない。
五、何が起きても感謝する。
六、他人の言動をありのままに受け入れる。
七、自分自身と他者の両方を愛する。
八、自分と他者を比較しない。
九、内なる神格を信頼し、委《ゆだ》ねる。
これらを心掛けて生活していれば、生きているだけで磨かれていく。
生きているだけで幸せになれる。

（ひふみ神示より抜粋）

第十二帖（二八六）

人間心には我《が》があるぞ。神心には我がないぞ。我がなくてもならんぞ、我があってはならんぞ。我がなくてはならず、あってはならん道理分かりたか。神にとけ入れよ。てんし様にとけ入れよ。我なくせ、我出せよ。建替と申すのは、神界、幽界、顕界にある今までの事をきれいに塵一つ残らぬ様に洗濯することざぞ。今度と云ふ今度は何処までもきれいさっぱりと建替するのざぞ。建直と申すのは、世の元の大神様の御心のままにすることぞ。てんし様の御陵威輝く御代とする事ぞ。誠二も経済も何もかもなくなるぞ。食べるものも一時は無くなって仕舞ふぞ。覚悟なされよ。（正しくひらく道道鳴り出づ、はじめ苦し、展きゐて、月鳴る道は弥栄、地ひらき、世ひらき、世むすび、天地栄ゆ、はじめ和の道、）世界の臣民、てん詞様おろがむ時来るのざぞ。邪魔せずに見物いたされよ、御用はせなならんぞ。この神示読めよ、声高く。この神示血とせよ、益人となるぞ。天地まぜこぜとなるぞ。六月十二日、みづのひつ九の◯。

第三帖

わが身をすてて、三千世界に生きて下されよ、わが身をすてると申すことは我《が》をすてることと、学をすてることぢや。すてると真理がつかめて大層な御用が出来るのであるぞ、それぞれの言葉はあれどミコトは一つぢやと申してあろうが、ミコトに生きて下されよ。言葉の裏には虫がついてゐるぞ、英語学ぶと英語の虫に、支那語学ぶと支那語の虫に犯されがちぢや。判らねばならんし、中々ながら御苦労して下されよ。大難を小難にする事は出来るのであるが無くすることは出来ん。不足申すと不足の虫が湧くぞ、怒ると怒りの虫ぞ。一生懸命、自分の信じるように、神を小さくして自分で割り切れるように、引きづり降して居るなれど、困ったもんぢや、長くゆったりとした気持ちで神を求めて下されよ。

第三十二帖（六八九）

信仰の始めは感情に支配されがちぢや。理智を強く働かせねばならんぞ。人間は絶えずけがれてくる。けがれは清めることによつて、あらたまる。厄祓ひせよ。福祓せよ。想念は永遠にはたらくから、悪想念は早く清算しなければならんぞ。中の霊は天国へ行つても、外の霊はこの世に残るぞ。残ることあるぞ。残つてこの世の事物にうつつて同じ事、所業をくりかへすことあるぞ。早く洗濯せよと申してあろうがな。梅の実から梅が生へるのぢや。その梅に実出来て又梅が生へるのぢや。人間も生れかわつても、中々に悪いくせは直らんもんぢやぞ。それをすこしづつ直してかからねばならん。努力次第で漸次直るのぢやぞ。宗教は霊、芸術は身体ぞ。（二月一日、ひつく神）

第八帖（一四五）

祓ひせよと申してあることは何もかも借銭なしにする事ぞ。借銭なしとはめぐりなくすることぞ、昔からの借銭は誰にもあるのざぞ、それはらってしまふまでは誰によらず苦しむのぞ、人ばかりでないぞ、家ばかりでないぞ、国には国の借銭あるぞ。世界中借銭なし、何しても大望《たいもう》であるぞ。今度の世界中の戦は世界の借銭なしぞ、世界の大祓ひぞ、神主お祓ひの祝詞《のりと》あげても何にもならんぞ、お祓ひ祝詞は宣《の》るのぞ、今の神主宣《の》ってないぞ、口先ばかりぞ、祝詞も抜けてゐるぞ。あなはち、しきまきや、くにつ罪みな抜けて読んでゐるではないか、臣民の心にはきたなく映るであろうが、それは心の鏡くもってゐるからぞ。悪や学にだまされて肝心の祝詞まで骨抜きにしてゐるでないか、これでは世界はきよまらんぞ。祝詞はよむものではないぞ、神前で読めばそれでよいと思うてゐるが、それ丈では何にもならんぞ。宣るのざぞ、いのるのざぞ、なりきるのざぞ、とけきるのざぞ、神主ばかりでないぞ、皆心

得ておけよ、神のことは神主に、仏は坊主にと申してゐること根本の大間違ひぞ。九月十九日、ひつ九の⦿

第十帖（四三七）

悪い事は蔭口せずに親切に気付け合って仲良う結構ぞ、蔭口世をけがし、己けがすのざぞ、聞かん人民は時待ちて気付けくれよ、縁ある人民皆親兄弟ざぞ、慢心取違ひ疑ひと、我が此の道の大き邪魔となるぞ、くどい様なれど繰返し繰返し気付けおくぞ。時来たら説き出すものぢゃ、親の心察して子から進んでするものぢゃ、その心よきに幸はふぞ、もの聞くもよいが、聞かんでは、判らん様では幽国《がいこく》身魂ぞ、神の臣民親の心うつして云はれん先にするものぢゃぞ。世は神界から乱れたのであるぞ、人間界から世直しして地《くに》の岩戸人間が開いて見せると云ふ程の気魄なくてならんのざぞ、その気魄幸《さき》はふのざぞ、岩戸開けるぞ。十一月十六日、ひつ九のか三。

第十一帖（三三一）

岩戸開きのはじめの幕開いたばかりぞ。今度はみづ逆さにもどるのざから、人民の力ばかりでは成就せんぞ。奥の神界では済みてゐるが、中の神界では今最中ざ。時待てと申してあろが。人民大変な取違ひしてゐるぞ。次の世の型急ぐ急ぐ。八月六日、アメのひつぐのかみ。
神示読まないで智や学でやろうとて、何も、九分九厘で、終局《りんどまり》ぞ。我《われ》が我《われ》がとれたら判って来るぞ。慢心おそろしいぞ。

第十八帖（五二九）

祈れば祈る程悪うなることあるぞ。結構な道と判らんか。心して迷ふでないぞ。天国の門、貧者富者の別ないぞ。別ある境界つくるでないぞ。世界中一度にゆすぶると申してあらう。釦一つででんぐり返ると申してあること、未だ判らんのか。神罰はなし。道は一つ二つと思ふなよ、無数であるぞ。（但し内容は一つぞ。）新しき道拓いてあるに、何故進まんのぢや。下腹からの怒は怒れ。胸からの怒は怒るなよ。昔から無いことするのであるから、取違ひもつともであるなれど、分けるミタマ授けあるぞ。高い天狗の鼻まげて自分の香嗅いで見るがよいぞ。鼻もちならんぞ。今迄のことちつとも交らん新しき世になるのであるから、守護神殿にも、判らんことするのであるから、世界の民みな一度に改心するやうに、どん詰りには致すのであるなれど、それ迄に一人でも多く、一時も早く、改心さしたいのじや。気ゆるめ

たら肉体ゆるむぞ。後戻りばかりぢや。霊人と語るのは危いぞ。気つけてくれよ。人は人と語れよ。かのととりの日、一二十

第十九帖（五三〇）

己の行出来て居らんと、人の悪口云はななならんことになるぞ。己の心日々夜々改めねばならん。心とは身と心のことぞ。元の活神が直接の、直々の守護を致す時来たぞ。気つけおくぞ。国々、所々、村々家々、皆何なりとしてめぐりだけの借銭済し致しくれよ。大峠ぞ。早合点するなよ。小さい容れもの間に合はん。かのととり。一二十

第二十三帖（一三〇）

我がなくてはならん、我があってはならず、よくこの神示《ふで》よめと申すのぞ。悪はあるが無いのざぞ、善はあるのざが無いのざぞ、この道理分りたらそれが善人だぞ。千人力の人が善人であるぞ、お人よしではならんぞ、それは善人ではないのざぞ、神の臣民ではないぞ、雨の神どの風の神どのにとく御礼申せよ。八月の九日、一二㋹

第二十四帖（三一五）

早く早くと申せども、立体の真道に入るは、小我《われ》死なねば。大我《われ》もなき道ぞ、元栄えひらき鳴る神、元にひらき成る神、元津神日の神、極みきわまりて足りいよいよ月の神はらみ交わりさかゆ、成りむつび、神々極まるところ、ひふみ、よろづ、ち、ももと、ひらく、歓喜の大道、神々更に動きひらき栄ゆ。元津神のナルトの秘密、永遠に進み、いき、ひらき極む。元津大神かくりみ、次になる神かくりみのナルトぞ、富士栄え、火の運動き、うづまき鳴り、極みに極みて、地また大地動き、うづまくぞ、真理なりて極まり、鏡の如くなり、極りて、動きひらき、極まりて大道、遂に成るぞ。七月十日、あめのひつくのかみ。

第六十八帖（五七九）

神と人の和は神よりなさるものであるぞ。本質的には人間から神に働きかけるものでないぞ。働きかける力は神から出るのであるから人間から和し奉らねばならんのであるぞ。信じ合ふ一人が出来たら一つの世界を得たこと。一つ得たら二つになつたことぞ。祈りを忘れることは、神を忘れること、神から遠ざかること、それではならんのう。安全な道通れ。安全な教の所へ集まれよ。（十二月十四日）

第七十六帖（五八七）

道理を知つて、よくならなかつたら、よく省みよ。よくなるのがマコトであるぞ。悪くなつたら心せねばならん。善人が苦しむことあるぞ。よく考へて見い。長い目で見てよくしようとするのが神の心ぞ。目の前のおかげでなく、永遠の立場から、よくなるおかげがマコトのおかげ。神徳は重いから腰ふらつかんやうにして下されよ。その代り貫きて下されたら、永遠《トワ》にしぼまん九の花となるぞ。二二《フジ》に、九《ク》の花どつと咲くぞ。拍手は清めであるが、神様との約束固めでもあるぞ。約束たがへるでないぞ。（一月三日）一二十

第六十五帖（五七六）

自分に捉はれると局部の神、有限の神しか判らんぞ。自分捨てると光さし入るぞ。知はアイ、息は真ぞ。平面の上でいくら苦しんでも何にもならん。却ってめぐり積むばかり。どうどうめぐりぢや。てん曰《シ》は奥山にお出ましぞ。（十二月十四日）一二十

第十四帖

目から泥を洗ひ去ると見へてくるぞ、右の目ばかりではならん、左の目の泥も落せよ。泥

のついてゐない人民一人もないぞ、泥落すには水がよいぞ、世の元からの真清（詞）水で洗ひ落し下されよ、世の元の元の元の真清（詞）水結構。

第三十五帖（八二二）

化物に化かされんよう。おかげ落さんようにして下されよ。よいことを申し、よい行をしてゐても、よくない人があるのぢゃ。よくないことも御用の一つではあるが、そなたは未だそれを消化する程の所まで行ってゐないぞ。小学生が大学生のまねしてはならん。そなたはまだ慾があるぞ。慾を、小さい自分ばかりの慾をすてなされ。そしてまことの大深慾になりなされよ。その気持ちさへ動いてくれば、何事も見事成就するぞ。

第十八帖（四四五）

自分で自分のしてゐること判るまいがな、神がさしてゐるのざから、人間の頭では判らん、仕組通りに使はれて身魂の掃除の程度に使はれて、使ひ分けられてゐるのじゃぞ、早う人間心捨てて仕舞て神の申すとおりに従ひてくだされよ、それがお主の徳と申すものじゃぞ、一家の為ぞ、国のためぞ、世界の民の為ざぞ、天地の御為ざぞ。今迄になかったこと今度はするのぢゃから合点出来んも道理ぢゃ道理ぢゃ、始めは戦《たたかい》で、争《いくさ》で世の建替する積りであったが、あまりに曇りひどいから、イクサばかりでは、すみずみまでは掃除出来んから世界の家々の隅まで掃除するのぢゃから、その掃除中々ぢゃから、戦《イクサ》許りでないぞ、家の中キチンと食物大切がカイの御用と申してあろがな、今度の岩戸は、あけっぱなしぢゃ、褌いらんと申してあろう。十二月四日、一二⦿

第四帖（二四〇）

この方この世のあく神とも現はれるぞ、閻魔とも現はれるぞ、アクと申しても臣民の申す悪ではないぞ、善も悪もないのざぞ、審判《さばき》の時来てゐるにキづかぬか、其日其時さばかれてゐるのざぞ、早う洗濯せよ、掃除せよ、磐戸《ゐわと》いつでもあくのざぞ、善の御代来るぞ、悪の御代来るぞ。悪と善とたてわけて、どちらも生かすのざぞ、生かすとは神のイキに合すことぞ、イキに合へば悪は悪でないのざぞ。この道理よく肚に入れて、神の心早うくみとれよ、それが洗濯ざぞ。一月二日、⦿のひつ九のか三。

第十九帖（一九二）

今のやり方、考へ方が間違ってゐるからぞ。洗濯せよ掃除せよと申すのはこれまでのやり方考へ方をスクリと改める事ぞ。一度マカリタと思へ。掃除して何もかも綺麗にすれば神の光スクリと光り輝くぞ、ゴモク捨てよと申してあろがな。人の心ほど怖《こわ》いものないのざぞ。奥山に紅葉あるうちにと申すこと忘れるなよ。北に気付けよ。神の詞《よ》の仕組よく腹に入れておいて下されよ。今度のさらつの世の元となるのざぞ。十一月七日、ひつ九のか三。

第三帖（一七六）

此の神示声立てて読みて下されと申してあろがな。臣民ばかりに聞かすのでないぞ、守護神殿、神々様にも聞かすのぞ、声出して読みてさへおればよくなるのざぞよ。じゃと申して、仕事休むでないぞ。仕事は行であるから務め務めた上にも精出して呉れよ。それがまことの行であるぞ。滝に打たれ断食する様な行は幽界《がいこく》の行ぞ。神の国のお土踏み、神国の光いきして、神国から生れる食物《たべもの》頂きて、神国のおん仕事してゐる臣民には行は要らぬのざぞ。此の事よく心得よ。十月十九日、一二⦿

第五帖
　もの与へること中々ぢや、心してよきに与へねばならんぞ。与へることは頂くことと知らしてあろうが、与へさせて頂く感謝の心がなくてはならん、強く押すと強く、弱く押すと弱くハネ返ってくるぞ。自分のものと言ふもの何一つもないぞ、この事判れば新しき一つの道わかるぞ。

第五帖
　つまらぬことに心を残すのは、つまらぬ霊界とのゑにしが残ってゐることぞ。早う岩戸を開いて富み栄へて下されよ、人民富み栄えることは、神が富み栄えることぞ。何事もはらい清めて下されよ、清めるとは和すことぞ、違ふもの同志和すのがマコトの和であるぞ。8迄と910とは性が違ふのぞ。

第十六帖
　はじめに出て来る霊は殆んど下級霊であるぞ、玄関に先づ出て来るのは玄関番であるぞ。祖霊の出る場合は、何か頼みたい場合が多いぞ、浄化した高級霊ともなれば、人民に判るような感応は殆んどないぞ。

第十八帖

霊に⦿神示をよんで聞かせて見よ、その偉大さがハッキリ判るぞ。どんな下級霊であっても、その霊を馬鹿にしてはいけない、馬鹿にすると反射的にサニワを馬鹿にして始末におへんことになるぞ。霊覚者や行者の中には奇跡的なことや非常識な行動をする者がよくあるぞ、一般の人民はそれにだまかされることがよくあるぞ、何れも下級霊のしわざであるぞ、正神には奇跡はない、奇跡ないことが大きな奇跡であるぞ、奇跡するものは亡びる。高級霊は態度が立派であるぞ、わかりたか。

第十六帖（五七一）

ここはいと古い神まつりて、いと新しい道ひらくところ。天狗さん鼻折りて早う奥山に詣れよ。この世の仕事があの世の仕事。この道理判らずに、この世の仕事すてて、神の為めぢやと申して飛廻る鼻高さん、ポキンぞ。仕事仕へまつれよ。徳つめばこそ天国へ昇るのぢや。天国に行く人、この世でも天国にゐるぞ。キタはこの世の始めなり。（十二月七日）一二十

第八帖（七九五）

神の御用は、神のみこと（命（実言））のまゝでなくては成就せん。皆々釈迦ぞ、キリストぞ。もっと大きな計画もちて御座れ。着手は出来る処からぞ。つかめる所から神をつかめよ。部分からつくり上げなされよ。

我出してはならん。そなたはそれでいつもしくじってゐるではないか。天狗ではならん。心出来たら足場固めねばならん、神の足場はひとぢや。三千の足場、五千の足場。

第二十二帖（一〇二）

まつりまつりと、くどく申して知らしてあるが、まつり合はしさへすれば、何もかも、うれしうれしと栄える仕組で、悪も善もないのぞ、まつれば悪も善ぞ、まつらねば善もないのぞ、この道理分りたか、祭典と申して神ばかり拝んでゐるやうでは何も分らんぞ。そんな我れよしでは神の臣民とは申せんぞ、早うまつりて呉れと申すこと、よくきき分けて呉れよ。われがわれがと思ふてゐるのは調和《まつり》てゐぬ証拠ぞ、鼻高となればポキンと折れると申してある道理よく分らうがな、この御道は鼻高と取りちがひが一番邪魔になるのぞと申すのは、慢心と取りちがひは調和《まつり》の邪魔になるからぞ。ここまでわけて申さばよく分かるであろう、何ごとも真通理《まつり》が第一ぞ。八月の二十九日、⊙の一二⊙。

第四十四帖（八三一）

この道に入ると損をしたり、病気になったり、怪我をすることがよくあるなれど、それは大難を小難にし、又めぐりが一時に出て来て、その借銭済しをさせられてゐるのぢゃ。借りたものは返さねばならん道理ぢゃ。損もよい、病気もよいぞと申してあろうが。此処の道理もわきまへず理窟申してゐるが、そんな人民の機嫌とりする暇はなくなったから、早う神心になって下されよ。そなたは祈りが足らんぞ。祈りと申すのは心でゐのり願ふことでないぞ。実行せねばならん。地上人は物としての行動をしなければならんぞ。口と心と行と三つ揃はねばと申してあること、忘れたか。

第四十五帖（八三二）

マコトに祈れと申してあろう。マコトとは◯《マ》123456789 10《コト》のことと申してあろう。只心でゐのるばかりでは、自分自分をだますこととなるのぢゃ。自分をいつわることは神をいつわることとなるのぢゃ。マコトでゐのれば何事もスラリスラリとかなふ結構な世ぞ。

第五十七帖（八四四）

そなたは失業したから仕事を与へてくれと申してゐるが、仕事がなくなってはおらんぞ。いくらでもあるでないか。何故に手を出さんのぢゃ。そなたはすぐ金にならねば食って行けない、金にならぬ仕事は出来ぬ、自分はよいが妻子が可哀そうだから、などと申してゐるが、どんな仕事でも、その仕事にとけ込まねば、その仕事になり切らねばならんのに、そなたは目の先の慾にとらわれ、慾になり切って、目の色を変えて御座るぞ。それでは仕事にならん。仕事は神が与えたり人が与えてくれるのでないぞ。自分自身が仕事にならねばならん。この道理さへ判れば、失業はないぞ。自分が仕事ぢゃからのう。

第六十一帖（八四八）

そなたの苦労は取越苦労。心くばりは忘れてはならんなれど、取越し苦労、過ぎ越し苦労はいらん。そうした苦労は、そうした霊界をつくり出して、自分自身がいらぬ苦労をするぞ。何ごとも神にまかせよ。そなたはまだ神業の取違ひして御座るぞ。そなたの現在与えられてゐる仕事が神業であるぞ。その仕事をよりよく、より浄化するよう行じねばならんぞ。つとめた上にもつとめねばならん。それが御神業であるぞ。そなたはそなたの心と口と行が違ふから、違ふことが次から次へと折重なるのぢゃ。コト正して行かねばならんぞ。苦を楽として行かねばならん。苦と心するから苦しくなるのぢゃ。楽と心すれば楽と出てくるのぢゃ。ちょっとの心の向け方、霊線のつなぎ方ぞ。そなたは悪人は悪人ぢゃ。神として拝めとは無理ぢゃと申してゐるが、一枚の紙にも裏表あるぞ。そなたはいつも裏ばかり見てゐるから、そんなことになるのぢゃ。相手を神として拝めば神となるのぢゃ。この世は皆神の一面の現われであるぞ。

第三十帖（八一七）

心のいれかへせよとは新しき神界との霊線をつなぐことぞ。そなたは我が強いから、我の強い霊界との交流が段々と強くなり、我のむしが生れてくるぞ。我の病になって来るぞ。その病は自分では判らんぞ。わけの判らん虫わくぞ。わけの判らん病はやるぞと申してあるがそのことぞ。肉体の病ばかりでないぞ。心の病はげしくなってゐるから気付けてくれよ。人々にもそのことを知らせて共に栄えてくれよ。この病を治すのは、今日までの教では治らん。病を殺して了ふて、病をなくしようとて病はなくならんぞ。病を浄化しなければならん。悪を殺すと云う教や、やり方ではならんぞ。悪を抱き参らせて下されよ。

第二十八帖（八一五）

厄も祓はねばならんが、福も祓はねばならん。福はらひせよと申してあろうが。厄のみでは祓ひにならん。福のみでも祓ひにならんぞ。厄ばらひのみしたから今日の乱れた世相となったのぢゃ。この判り切った道理が何故に判らんのか。悪を抱き参らせよ。善も抱き参らせよ。抱くには〇にならねばならんぞ。

第三十三帖（八二〇）

まことから出たことは誰のねがひも同様。心配せずにドシドシと進めて下されよ。若し行詰ったら省みよ。行詰った時は大きくひらける時ぢゃ。ぢゃと申してひとこころで急ぐでないぞ。急ぐと道が見えなくなってくるぞ。そなたの考へて御座ることは自己中心でないか。われよしの小さいわれよしではならん。大きなわれよし結構ぞ。ぎせいになることを尊いことぢゃと申してゐるが、ぎせいに倒れてはならん。己を生かす為めに他を殺すのもいかん。己殺して他をいかすのもいかん。大の虫を生かすため、小の虫を殺すことはやむを得んことぢゃと申したり、教へたりしてゐるが、それもならんぞ。総てを殺さずに皆が栄える道があるではないか。何故に神示を読まぬのぢゃ。

第三十四帖（八二二）

かみかかりはよしなされよ。そなたは学に囚われて御座るぞ。科学を越えて神の学に生きて下されよ。そなたは自分で自分の首をしめるようなことをして御座るぞ。自分で勝手に小さい自分の神をつくってゐるぞ。一度その神をすてなされ、固く抱きしめたり、とぢこめてゐるから判らんことに行きつまるのぢゃ。判りたか。我《が》と判らん我《が》を気つけなされよ、今一息と云ふところぞ。

第八帖

出し切って了ふと味がなくなるぞ、自分の力がかくせぬようでは大仕事は出来んぞ。取り越し苦労、過ぎ越し苦労はやめて下されよ、地球と言ふ大船に乗って一蓮托生ぢゃ、現在の仕事が御神業と心得よ、不満をもってはならん、そなたが招いた仕事でないか。この道理判らねば迷信の迷路に入るぞ。

第三十一帖（六八八）

今の自分の環境がどんなであろうと、それは事実であるぞ。境遇に不足申すなよ。現在を足場として境遇を美化し、善化してすすめ。其処にこそ神の光、よろこび現れるのぢや。逃道つくれば迷ひの道に入るぞ。楽に得たもの、楽に失う。

第六十六帖（五七七）

省みると道見出し、悟ると道が判り、改むると道進む。苦しむばかりが能ではない。自分の中にあるから近よつて来るのであるぞ。厭なこと起つて来るのは、厭なことが自分の中にあるからぢや。肉体は親から受けたのざから親に似てゐるのぞ。霊は神から受けたのざから神に似てゐるぞ。判りた守護神一日も早く奥山へ出て参りて、神の御用結構。（十二月十四日）一二十

第十四帖

幽界霊も時により正しく善なることを申すなれど、それは只申すだけであるぞ。悪人が口先だけで善を語るようなものであるぞ、よいことを語ったとて直ちに善神と思ってはならん。よい言葉ならば、たとへ悪神が語ってもよいではないかと思すものもあるなれど、それは理窟ぢや、甘ければ砂糖でなくサッカリンでもよいではないかと申すことぞ。真の善言真語は

心、言、行、一致であるから直ちに力する、言葉の上のみ同一であっても、心、言、行、が一致しておらぬと力せぬ。偽りの言葉は、落ついてきけばすぐ判るぞ、同じ「ハイ」と言ふ返事でも、不満をもつ時と喜びの時では違ふであろうがな。われは天照大神なり、などと名乗る霊にロクなもののないぞ、大言壮語する人民はマユツバもの。

第十二帖

口先ばかりで、その場限りでうまい事申して御座るが、それは悪の花、心と行が伴わんからぢや、己《おのれ》自身のいくさが終ってゐないからであるぞ。そなたのもつ悪いくせを直して下されよ、それが御神業ぢや。神々様も自分のくせを直すために御苦労なさってゐるぞ、そのために生長する。昨日の自分であってはならんぞ。六十の手習でとまってはならん、死ぬまで、死んでも手習ぢや。お互におろがめよ、おがむと総てが自分となる、おがむところへ集って来て弥栄ぢや。

第八帖（四三五）

口と心と行と三つ揃ふたら今度は次に ヽ 入れて下されよ、ヽ は神ぢゃ、神示ぢゃ、神示元ぢゃ、と申してあろが、三つ揃ふても肝腎の神示肚には入って居らんと何にもならん事になるぞ、九分九分九厘となってゐる事も判るであろが、御用勇んで仕へまつれよ。目覚めたら其の日の生命頂いたのぢゃと申してあろ、新しき生命弥栄に生れるのぢゃ。今日一日神に仕へまつれよ、与へられた仕事御用ざぞ、生命ざぞ、取違ひ致すでないぞ。七月になると上の人民番頭殿顔の色悪うなって来るぞ、八九月となれば愈々変って来るぞ、秋の紅葉の色変るぞ。いくら因縁ありてもミタマ曇ってゐると今度は気の毒出来るから、今度引寄せられた人民ぢゃとて役員ぢゃと云ふて、ちっとも気ゆるし出来ん。澄《す》んだ言霊《ことだま》で神示よみ上げてくれよ、三千世界に聞かすのぢゃ、そんな事で世がよくなるかと人民申すであろうなれど神の申す通り、判らいでも神の申す通りにやって下されよ、三千世界に響き渡って神々様も臣民人民様も心の中から改心する様になるのざぞ、世が迫って居ることは、どの神々様人民にもよく判ってゐて、誠求めて御座るのぢゃ、誠知らしてやれよ。何も彼も一度に「出て来るぞ、日増にはげしくなって来るぞ、どうすることも出来ん様に、悪神悪の人民手も足も出せん事に何から何まで、何が何だか判らんことに折り重なって来るぞ、キリキリ舞ひせなならん事になってくるぞ、キリキリ舞にも良きと悪しきことあるぞ、良きは結構ぢゃなあ、中々ぢゃ。

十一月十六日一二⊙

第三十九帖（二一二）

喜べば喜ぶ事出来るぞ、悔めば悔む事出来るぞ。先の取越苦労は要らんぞ、心くばりは要るぞと申してあろがな。神が道つけて楽にゆける様に嬉し嬉しでどんな戦も切抜ける様にしてあるのに、臣民逃げて眼塞いで、懐手してゐるから苦しむのぞ。我れよしと云ふ悪魔と学が邪魔してゐる事にまだ気付かぬか。嬉し嬉しで暮らせるのざぞ。日本の臣民は何事も見えすく身魂授けてあるのざぞ、神の御子ざぞ。掃除すれば何事もハッキリとうつるのぞ。早よ判らねば口惜しい事出来るぞ。言葉とこの神示と心と行と時の動きと五つ揃たら誠の神の御子ぞ、神ぞ。十一月三十日、ひつ九のか三のふで。

第四十六帖（五五七）

今度の仕組、まだまだナルのぢや。なつてなつてなりの果てに始めて成るぞ。生むぞ。先づ金が無ければと申してゐるが、その心まことないぞ。キがもととあれ程申しても未だ判らんのか。役員どうどうめぐり。（十一月裏四日）一二十

第十三帖（一五〇）

赤い眼鏡かければ赤く見えると思うてゐるが、それは相手が白いときばかりぞ、青いものは紫にうつるぞ。今の世は色とりどり眼鏡とりとりざから見当とれんことになるのざぞ、眼鏡はづすに限るのぞ、眼鏡はづすとは洗濯することざぞ。上ばかりよくてもならず、下ばかりよくてもならんぞ。上も下も天地そろうてよくなりて世界中の臣民、けものまで安心して暮らせる新《あら》の世に致すのざぞ、取り違へするなよ。九月二十三日、一二⦿

第十六帖（一五三）

神が臣民の心の中に宝いけておいたのに、悪にまけて汚して仕まうて、それで不足申してゐることに気づかんか。一にも金、二にも金と申して、人が難儀しようがわれさへよけらよいと申してゐるでないか。それはまだよいのぞ、神の面《めん》かぶりて口先きばかりで神さま神さまてんしさまてんしさまと申したり、頭下げたりしてゐるが、こんな臣民一人もいらんぞ、いざと云ふときは尻に帆かけて逃げ出す者ばかりぞ、犬猫は正直でよいぞ、こんな臣民は今度は気の毒ながらお出直しぞ、神の申したこと一分一厘ちがはんのざぞ、その通りになるのざぞ。うへに唾《つば》きすればその顔に落ちるのざぞ、時節ほど結構なわいものないぞ、時節来たぞ、あはてずに急いで下されよ。世界中うなるぞ。陸が海となるところあるぞ。今に病神の仕組にかかりてゐる臣民苦しむ時近づいたぞ、病はやるぞ、この病は見当とれん病ぞ、病になりてゐても、人も分からねばわれも分らん病ぞ、今に重くなりて来ると分りて来るが、その時では間に合はん、手おくれぞ。この方の神示《ふで》よく腹に入れて病追ひ出せよ、早うせねばフニヤフニヤ腰になりて四ツん這ひで這ひ廻らなならんことになると申してあらうがな、神の入れものわやにしてゐるぞ。九月二十三日、ひつ九のか三。

第十六帖

偽《にせ》の愛、偽《にせ》の智と申すのは、神を信じない人民の愛と智であることを知れよ、この人民たちは神の声を聞いても聞へず、神の現れを見ても見へないのであるぞ、目をとぢ耳にふたしてゐるからぞ、今の人民よ学者よ金持よ、早う考へ方を変へねば間に会わん、心の窓早うひらけよ。

第十六帖（五八）

智恵でも学問でも、今度は金積んでも何うにもならんことになるから、さうなりたら神をたよるより外に手はなくなるから、さうなりてから助けて呉れと申しても間に合わんぞ、イシヤの仕組にかかりて、まだ目さめん臣民ばかり。日本精神と申して仏教の精神や基督教の精神ばかりぞ。今度は神があるか、ないかを、ハッキリと神力みせてイシヤも改心さすのぞ。神の国のお土に悪を渡らすことならんのであるが、悪の神わたりて来てゐるから、いつか悪の鬼ども上がるも知れんぞ。神の国ぞと口先きばかりで申してゐるが、心の内は幽界《がいこく》人沢山あるぞ。富士から流れ出た川には、それぞれ名前の附いてゐる石置いてあるから縁ある人は一つづつ拾ひて来いよ、お山まで行けぬ人は、その川で拾ふて来い、みたま入れて守りの石と致してやるぞ。これまでに申しても疑ふ臣民あるが、うその事なら、こんなに、くどうは申さんぞ。因縁の身魂には神から石与へて守護神の名つけてやるぞ。江戸が元のすすき原になる日近づいたぞ。てん四様を都に移さなならん時来たぞ。江戸には人民住めん様な時が一度は来るのぞ。前のやうな世が来ると思うてゐたら大間違ひぞ。江戸の仕組すみたらカイの御用あるぞ。いまにさびしくなりて来るぞ。この道栄えて世界の臣民みなたづねて来るやうになるぞ。七月の二十一日の夜、ひつ九のか三。

第八帖　（七二五）

見へるものから来る幸福には限りがあるが、見えんものから来る幸福は無限ぞ。つきんよろこびは常に神から。

第十一帖

善では立ちて行かん、悪でも行かん、善悪でも行かん、悪善でも行かん。岩戸と申しても天の岩戸もあるぞ、今迄は平面の土俵の上での出来事であったが、今度は立体土俵の上ぢや、心をさっぱり洗濯して改心致せと申してあろう、悪い人のみ改心するのでない、善い人も改心せねば立体には入れん、此度の岩戸は立体に入る門ぞ。

第七帖（三四一）

神の心の判りた臣民から助ける御用にかゝりて呉れよ、助ける御用とは清めの御用で御座るぞ、天地よく見て悟りて呉れよ。三四五《みよいづ》の御用は出来上りてしまはんと御用してゐる臣民にはさっぱり判らんのであるぞ、つかわれてゐるから判らんのであるぞ、出来上りからこれは何んとした結構な事でありたかとビックリするのざぞ。アメのひつ九のか三とはアメの一二の神で御座るぞ、アメの☽⦿《つきひ》の神で御座るぞ、元神で御座るぞ、ムの神ぞ、ウの神ぞ、元のままの肉体持ちて御座る御神様ぞ、つちのひつ九のおん神様ぞ、つちの⦿☽《ひつき》の御神様と今度は御一体となりなされて今度の仕組見事成就なされるので御座るぞ、判りたか、九二つちの神大切申せとくどう知らしてあろがな、今迄の臣民人民、九二の御先祖の神おろそかにしてゐるぞと申して知らしてあろう、神は千に返るぞ、九二つちつくること何んなに難儀な事か人民には判るまいなれど、今度さらつの世にするには人民もその型の型の型位の難儀せなならんのざぞ。それでよう堪《こば》れん臣民沢山にあるのざぞ、元の神の思ひの何万分の一かの思ひせんならんのざぞ、今度世変りたら臣民此の世の神となるのざぞ。国の洗濯はまだまだ楽であるがミタマの洗濯仲々に難しいぞ、人民可哀想なから延ばしに延ばして御座るのざぞ、幾ら言ひ聞かしても後戻り許りぢゃ、言ひ聞かして改心出来ねば改心する様致すよりもう手ない様になってゐるのざ。何時どんな事あっても神は知らんぞ、上から下までも誰によらん今迄の様な我儘させんぞ、役員馬鹿にならななならんぞ、大のつく阿呆になれよ、Ұのつく阿呆にあやまって呉れるなよ、阿呆でないと今度の誠の御用なかなかざぞ。命捨てて命に生る時と申してあろがな、非常の利巧な臣民人民アフンで御座るぞ、今にキリキリ舞するのが目に見へんのか。何時も変らぬ松心でおれと申して御座ろがな、建替へ致したら世界は一たん寂しくなるぞ、神が物申して居る内に改心せなならんぞ、後悔間に合はんと申してあろがな。十一月二十三日、ひつ九のかミ。

第十二帖（二二五）

日に日に厳しくなりて来ると申してありた事始ってゐるのであるぞ、まだまだ激しくなって何うしたらよいか分らなくなり、あちらへうろうろ、こちらへうろうろ、頼る処も着るものも住む家も食ふ物も無くなる世に迫って来るのざぞ。それぞれにめぐりだけの事はせなならんのであるぞ、早い改心はその日から持ちきれない程の神徳与へて喜悦《うれ》し喜悦《うれ》しにしてやるぞ、寂しくなりたら訪ねて御座れと申してあろがな、洗濯次第で何んな神徳でもやるぞ、神は御蔭やりたくてうづうづしてゐるのざぞ、今の世の様見ても未だ会得らんか。神と獣とに分けると申してあろが、早う此の神示《ふで》読み聞かせて一人でも多く救けて呉れよ。十二月十二日、ひつ九のか三。

第一帖（八一）

道はいくらもあるなれど、どの道通っても、よいと申すのは、悪のやり方ぞ、元の道は一つぞ、初めから元の世の道、変らぬ道があれば、よいと申してゐるが。どんなことしても我さへたてばよいように申してゐるが、それが悪の深き腹の一厘ぞ。元の道は初めの道、神のなれる道、神のなかの ゝ なる初め、ゝ は光の真中 ⦿ は四の道、此の事、気のつく臣民ないなれど。「一が二」わかる奥の道、身魂掃除すれば此のことわかるのざ、身魂磨き第一ぞ。八月十日、⦿の一二⦿。

第十九帖（一九）

神の国⦿の山に⦿祭りて呉れよ、祭るとは神にまつらふことぞ、土にまつらふことぞ、人にまつらふことぞ、祭り祭りて嬉し嬉しの世となるのぞ、祭るには先づ掃除せねばならんぞ、掃除すれば誰にでも神かかるやうに、日本の臣民なりて居るぞ、神州清潔の民とは掃除してキレイになった臣民のことぞ。六月二十七日、一二⦿。

第五十七帖（五六八）

仲よしになつて道伝へよ。道を説けよ。一切を肯定して二九《ジク》を伝へよ。悪神かかりたなれば自分では偉い神様がうつりてゐると信じ込むものぞ。可哀そうなれどそれも己の天狗からぞ。取違ひからぞ。霊媒の行見ればすぐ判るでないか。早う改心せよ。霊のおもちゃになつてゐる者多い世の中、大将が誰だか判らんことになるぞ。先生と申してやれば皆先生になつて御座る。困つたものぞ。（十二月七日）一二十

五　部　身体および健康について

「ひふみ神示」的には、日本人は、浄きを一とし、死に穢れに逢《お》うたものは食さない。米を主食とし、海のもの、山のもの、を食べなさいと書かれている。

「ホツマツタヱ」と「ひふみ神示」に共通しているのは、食べる量は、少量の方が健康で長生きできるという記述であろう。

「ひふみ神示」は、食べ物に影響されない身体になる、とも言っている、食べ方は、「ひふみ祝詞《のりと》」を唱えながら、四十七回、噛むように指示している。「噛む」は「神」に通じるそうだ。

明治維新以前の日本人は、確かに四ツ足の動物の肉を食べてはいなかった。

今でもヒンドゥー教では、四ツ足は食べてはいけないらしい。

現代の栄養学では、蛋白質は身体を作る基なので、肉や魚をバランスよく摂取するよう勧めている。

最近は、健康食ブームで、玄米や五穀などを食べたり、菜食をしている方も増えてきたようだ。

だが、いずれにしても、百歳を超えて、元気そのもので長生きしているという方は少ないように見受けられる。

都会に住み文明生活を送る人と、未開と言われる地で、昔ながらの生活を送る人と、どちらが健康的で長寿なのか、比較してみても、五分五分のように見える。

日本では、沖縄の人たちが一番健康で長寿だそうだ。それには、大きく分けて二つの要因があるようで、一つは、青い野菜が多く、豆腐や魚などの蛋白質を摂取し、鶏や豚も自然種に近いものを食べ、海藻も豊富だという……、つまりは栄養面。

もう一つは、家族の仲がよく、隣近所のお付き合いもあり、お年寄を人生の先輩として敬い、年長者も仕事や生き甲斐を持てるようになっていること。歌や踊りが好きで、自然に身体を動かしていること。

栄養も大事だが、精神面が充実しているのが長寿の最大の要因だと思う。

人間関係の繋がりが強く、孤立しない。食べ物が豊富なので、争いが少なく、大らかでいられる。

畑仕事や、孫の面倒を見たり、歌ったり、踊ったり、生きる楽しみと、適度な運動が日常的にある。

そんな沖縄でも、誰もが百歳を超えて元気でいられる訳ではない。

「ホツマツタヱ」に登場する天皇や偉大な指導者達の中には、数百年の長寿の方もおるが、それが、偽書扱いされる一因なのかもしれないが、事実ではないと言い切れる根拠もないと思う。

現代でも、ヒマラヤの奥地には、自称、数百歳のヨガの行者さんがいらっしゃるようだが、客観的事実として証明されない以上、そのまま信じる気にもならない。

「ひふみ神示」は、生き通しに生き続ける玉体《ぎょくたい》があり、原爆にも影響されない身体、と言う。私達の常識では考えられないが、五次元の肉体ならば、それもあり得るだろう。

現時点の大多数の人間の健康を考えると、食べ物や環境の影響も、かなり受けているようだ。遺伝的要因や個体差を考え合わせると、万人に効果的な食養法や健康法は、今のところはなさそうだ。

病気の原因についても、食物や事故や細菌、環境汚染、遺伝など、物理的なものから、ストレスや疲労など、精神的なものまである。

特に、精神病と言われるものの原因は、心の痛み、それも、押し込めて、閉じ込めて、心の奥底に仕舞いこまれた深い痛みのようだ。

一見、物理的要因から発生した病気のようでも、自分を責め続けている深い想いが、引き寄せている。

肉体の病気も精神の病気も、元を正せば、自分を責めたくなるような過去の記憶を隠し持っているために、起きてくるようだ。

前述したように、人間は多次元に生きている。「たま」は、宇宙の源からくる生命エネルギーで、「しい」は、遺伝や地球の記憶層の中の記憶であり、カルマや過去生と呼ばれるものだ。

その記憶の中に、人を傷つけたり傷つけられたりした時の思いが残っている。

その時起きた事件そのものを忘れても、その時の思いだけは、心の痛みとして、オーラ体の傷として残ってしまう。

オーラ体の傷口からは、エネルギーが流出し、得体の知れない不安感が生まれる。

これが、全ての病気の原因だ。

傷口が深く、痛みが耐え難いものであればある程、自分を責め苛む不安から逃れようと、あらぬ妄想に走っていく。

傷の位置が頭部である場合は、脳の正常な働きを阻害し、統合失調や多重人格のような病気を発症するのではないだろうか。

うつ病や統合失調の方を見ていると、自分を責め過ぎるあまりに、逆に攻撃的になり、「自分は悪くない」と主張するための妄想を創り出しているようだ。

うつ病は、不安の強い状態で、いつも、心ここにあらずのようだ。

統合失調は、自分だけの世界を創り上げ、それこそが真実だと思い込もうとしている。

よくよく、見たくない、思い出したくない記憶があるように感じる。

とことん、自分を傷つけながら、全てを他人のせいにして、妄想の世界に逃げこんでしまう。

統合失調まで進行してしまうと、治すのが大変だが、肉体の病気にしても、心の痛みが原因なので、それを癒すことと、オーラ体の傷を治すことが重要だ。

不運な人や不幸な人も、同じ原因なので、クリーニングが必要になってくる。

病気は、浄化作用の一環なので、必ずしも悪いものではない。心の痛みを、肉体が引き受け、癒す作業を行ってくれている。

不幸や不運もそれと同じで、心の痛みを軽減し、それがあることを教えてくれている。

自分や他人を責める気持ちが強い程、病気や不運を引き寄せ易くなるので、〝許し〟が重要になってくる。

特に、親は自分の肉体および遺伝子を与えてくれた存在なので、憎しみを持つと、自分を否定し、殺してしまうのと同じになってしまう。

憎しみや怨みの基になっている痛みの記憶をクリーニングして、自分自身を許してあげてほしい。

クリーニングの章にも、いろいろな方法を挙げておいたが、光の強い人のヒーリングを受けるのも有効だろう。

「ひふみ神示」のような本を読むのも、「アワ歌」や「ひふみ祝詞《のりと》」を声にだして、宣《の》るのもクリーニングになる。

では、反対に健康な人はというと、まず、身体のどこにも凝りがない。冷えがない。

毎日、生きているだけで満足し、宇宙に生かされていることを知っている。

自分が豊かで幸せなので、誰に対しても親切で丁寧で穏やかだ。身近にいつも接している家族に対しても、尊重し、思いやりを持った接し方ができる。

一番身近にいる人の評判がいい。

それでいて、本人は、全く無理をしていない。いい人になる必要がないので、ありのままでいるだけだ。

長所も短所もあり、普通に暮らしているだけだろう。

山に籠って修行する必要もなく。綺麗な所へ行ってリフレッシュする必要もない。崇高でもなく、低俗でもない。

ありのまま、そのままの自分でいて、他人からは、幸せが服を着て歩いているように見える。

本来、誰もがそうなれるはずだが、大方は痛みにエネルギーを奪われてしまい、満たされない心を抱えて、人からエネルギーを奪うことで補おうとするようになる。

いい人になる必要はないのだが、人を傷付ければ自分に返ってくることを憶えておいた方がいい。

ワンネスの法則を正しく理解すれば、不用意に人を傷つけようとは思わなくなるだろう。人だけではなく、環境や動物などを痛めつけることもできなくなる。

宇宙の全てが自分であり、自分は、宇宙の一つの細胞なのだから。

宇宙は、自分の見たい現実を見せてくれる。

創りたい現実を創ってくれる。

願望実現の法則そのものは間違ってはいないが、我欲のみを叶えようとすると、先細りになり、苦しみが残ってしまう。

痛みや不安に足を引っ張られたままの状態で願いごとをしても、末広がりの幸せの方向へ向かえない。叶ったように見えた願いが、逆に、苦しみの種になってしまう。

宇宙の根源は、一つの点とでも言うべきもので、区別や差別は一切ない。叶えたい願いは、たとえそれが人殺しであっても叶うのだ。

ましてや、心の中で、自分を貶め、責め続け、生きている価値がないと思っているなら、その願いが現実にならないはずがない。

自分さえよければ、地球を汚しても平気。苦しんでいる人がいても、見ない振り。

自分の心に不安を抱えている人ほど、なんでも人のせいにしたがる。

自分の非を認めてしまうと、他人から攻撃を受け、立ち直れなくなってしまうのが恐ろしいからだろう。

自分の非を認めない人ほど、他人の過ちを許せない。

心の痛みや不安と向き合うのは、恐ろしいことかも知れないが、なるべく早くクリーニングした方が、自分が楽に幸せになれる。

人にエネルギーを奪われるように感じたならば、『奪わないで』と身構えるより、逆に、与えてしまえばいい。

宇宙の法則は、自分の想いを現実化する。

『奪わないで』と思っている心の中は、『奪われる』恐怖で一杯だ。反対に、『与える』と思えば、ワンネスの法則により『与えられる』のだ。

この違いを、よく憶えておいてほしい。

本当に叶えたい望みが叶わないのは、心の中に、『叶うはずがない』という思いがあるからだ。

いつまでに叶えて欲しい、などと宇宙に願っても、心の中で、『無理に決まっている』と思っていれば、期限が近付くほど苦しくなり、自分に嫌気が差すだろう。

人間は、他者を傷付けた時、同時に自分をも傷付けている。

宇宙の根源は、ワンネスなので、根本には、〝自分〟〝他人〟の区別はない。

他者を傷付けた時、自分の心の中に傷ができるが、それを忘れたいという欲求も同時に起きる。

そして、本当に忘れてしまうのだが、痛みは消え去ってはいない。見ないように蓋をしただけで、蓋の下には痛みが残っている。

この状況のまま生きていると、自分さえ良ければいいと考えようとする。他者を傷つけた過去の記憶を忘れるためには、『自分は悪くない』と思えばいい。

『悪いのは、人であり、自分ではない』と思い込もうとするあまり、自分さえ良ければ人がどうなろうと関係ない、と考えるようになっていく。

自分が苦しいのも、不安なのも、全部、他人のせいにしてしまえばいい。ひいては、神のせいにしようとする。自分ではどうにもならない存在に翻弄されているだけだと思い込もうとする。

あくまで、自分のせいではないと、自分自身に言い聞かせている。

痛みの記憶を忘れるために、不安を封じ込めるために、様々な、快楽に逃避する。

逆に、異常にストイックになったり、いい人の仮面を着けて、不安を隠し続ける。

冷静に考えれば、こんなことを続けていけば、やればやるだけ心身に異常をきたすと理解できるはずだ。

前述した、五度の岩戸閉め、が、日本人の霊性に封印をかけていた。

その岩戸も、遂に開いたようで、世界がクリアになってきている。

個の存在としての一人の人間が、いくら頑張ってみても、どうにもならないことの方が多い。病気も、個人的な問題からだけ起きているとは思えない。

〝個〟と〝全体〟の関係は、一方通行ではない。〝個〟が〝全体〟に影響を与え、〝全体〟

が〝個〟に影響している。

心理学では、集合意識と言うらしいが、日本には日本の国民性があり、アメリカには、アメリカの国民性があるように、一つの集団を統括している全体意識があるようだ。日本人は、日本語で思考する。アメリカ人は英語だ。言語による違いも指摘されている。いずれにしろ、全体の影響は避けられない。

人間の身体に見立ててみると、心臓・肺・腎臓・肝臓などの臓器があり、さらに、その臓器固有の細胞がある。その細胞が、一人一人であり、臓器が国であり、身体全部を地球とすると、細胞一つ一つが、好き勝手に動いていて、身体が、集合体としての生命を保てるはずはない。

原子から、星まで、宇宙の構造は同じで、大きい球の中に小さい球が入っていて、球が球の回りを螺旋《らせん》を描きながら回っている。

バラバラのようでいて、統一がとれている。

アリを観察していると、統率がとれてみんな働いているようだが、ただウロウロしているだけのアリもいる。

原子の動きも、時々、フラッと規則性のないものがある。宇宙には、1／fゆらぎと言われる、遊びの部分があるらしい。

ワンネスとファシズムの違いなのかもしれない。

判でおしたように、全部を同じ形に統一しようとしても、自然界においては、無理だ。

木の葉一枚、全く同じものはない。それでいて、好き勝手でもない。

真の公平・平等は、あらゆるものが、無理なくありのままにある、状態だろう。

人間的価値判断による、悪的なものをなくそうとするよりも、ありのままにしておくゆとりのようなものが、宇宙の生成化育・発展には必要なのだろう。

ガン細胞も、健康な肉体に常にできたり消えたりしているという。

人間的に解り易く考えると、九十九％は善で、一％は悪、が、宇宙のバランスなのかも知れない。

とすれば、病気も、一％前後のバランスで存在する意味があるのだろう。

ただし、ガン細胞が増え過ぎ、正常細胞を凌駕《りょうが》すれば、バランスは崩れてしまう。

精神的にも肉体的にも、バランスの崩れた状態は病気といえる。

環境も食べ物も、病気の一因ではあるが、その環境に生まれることを選び、その食べ物を口に入れることを選んだ意志の主体は、どこにあるのか。

たまたま、そこに生まれた人は気の毒だ。運が悪い。そうかも知れない。だが、そうではないかも知れない。

肉体という枠を、イコール自分と認識し、表面意識の思考のみに縛られていると、全体の一部としての自分が見えてこない。

地球の、宇宙の、細胞の一つとしての自分の立ち位置を理解できれば、全体を完成させるための自分の役割が認識できる。

無理をして、自分以外の何かになろうとすれば、病気になったり、辛い体験をするだろう。だが、あえて病気になることで、全体を浄化する役割を引き受けている人もいる。それは、自己犠牲ではない。病気になり死ぬことで全体を活かすと理解している魂にしかできないことだろう。

一般的には、自分の引き受けられる範囲内の痛みの記憶を身に着けて生まれてくるようだ。それを、意識的にクリーニングできるようになれば、肉体が病気であっても、前向きに人生を楽しめる。〝死〟すら終わりではないと、理解できれば、痛みが不安にならない。

〝痛み〟は、痛みでしかない。それに気付かないと、不安に支配されてしまう。

〝痛み〟も〝苦しみ〟も〝死〟も、一瞬に過ぎ去るものでしかない。それを悟れば、囚われなくなる。

〝痛み〟をいつまでも引きずれば執着になり、漠然とした不安感を背負いながら生きていくことになる。

唐突に、大切な人を失なったり、信じていた人に裏切られたりすれば、心は傷つく。その出来事をずっと忘れずにいると、執着になる。忘れてしまえばいいのに、忘れることを拒絶するほどの憎しみや許し難い思いを持ち続けていると、重く暗い想念エネルギーの固まりのようなものを創ってしまう。

こういうものを、霊体にくっつけたまま生きていると、本来の光のエネルギーの妨げになる。

霊体を球にたとえると、その球のどこかにおもりをくっつけて回転しようとしても、いびつな動きになってしまうようなものだ。

心配ごとなどがあると、心が常にそこに囚われていて、目の前で、今、起きている出来事に的確な対処ができなくなってしまう。

物事を客観的に判断できず、主観で歪めた考察しかできなくなる。

客観的で冷静な判断をするには、バランスのとれた思考が必要だが、おもりをくっつけた状態では、アンバランスになるのは当然だろう。

自分の内にある不安や痛みを見たくない、思い出したくない、という無意識の歯止めがかかり、考え方が歪んでしまう。

本質は、どこにも片寄りのない透明なので、そこに戻ろうとする力が働く。

その作用・反作用で、病気や事故や、天災などが起きてくる。

人間にとっては、避けたいことであっても、片寄った考え方を変えるためには、必要であり、クリーニングをしていただいているのだ。

病気や不幸な出来事を、悪と捉え、自己責任として責めるのも、全体が見えていないからだろう。

最初に、『この苦しみを忘れない』『絶対に許さない』と思ったことが、新たな苦しみを引き寄せている。そう理解できれば、許すしかない。自分がどんな目に合ったかをとうとうと述べ立てるのもいいが、ワンネスを知れば、いつまでも憎み続ける愚かさに気付かされるだろう。

憎しみは、病気や貧乏や不運を呼び寄せても、喜びや幸運を呼び寄せることは決してない。

特に、親を憎むことは、自分を真っ向から否定することに他ならない。

それでも、幸せなら何も言うことはないが、幸せなふりをしても、切ないのは自分自身だ。

自分が自分をありのままに愛せないのに、愛に満たされるはずがない。

憎しみは否定であり、許しは肯定である。

許し難いことを許せた時、人は大きく成長する。他者を許すことは、自分を許すことでもある。

自分を許せず、あるがままの自分を愛せずにいると、その想念エネルギーを肉体が受けてしまう。

男性性や女性性を否定し、性的罪悪感を持ち続ければ、生殖器を痛めつけるだろう。

自分の想念が病気を創ることを憶えておいてほしい。

全てのものが波動からできているので、形や色・音・言葉・電磁波なども、健康を阻害する恐れがある。

風水や五行などは、それらを利用して幸運を呼び込む方法だろう。

昔の人は、方位のエネルギーなどを、日常生活に取り入れ活用していたようだ。

その他、衣類の素材も、綿は心身をリラックスさせてくれるが、絹は緊張させるそうで、晴れの舞台には向いていても、寝具などには向かないそうだ。

化学製品としての洗剤やシャンプー、化粧品類も、皮膚から浸透して、細胞を破壊する成分が多いので注意が必要だ。その上、それを水に流せば、川や海を汚染する結果になり、自分の身に返ってくる。

農薬や食品添加物も避けるに越したことはない。

コンクリートの住宅、クーラー、アスファルト舗装なども健康を害する要因となる。

現代人の、便利で清潔で、快適な暮らしの陰にある落とし穴が、最近では、どんどん暴かれてきている。

自然の一部である人間が、どんどん自然から切り離されていくと、心身ともに病気になっていく。

ワンネスは、人間のみではない。地球も自分そのものだ。自分である地球を破壊し、汚染すれば、自分の肉体を破壊し汚染することになる。

自分のこの肉体のみを維持し、肉欲のみを満たせばいいという考え方を捨て、全体が良くなる方向を目指さない限り、人類は滅亡の道をたどるだろう。

自分の肉体のみの健康しか考えられない人は、真の健康を手に入れることはできない。

だが、基本は自分を愛し、自分を大事にすることなので、まずは、自分の身体を観察すると、食べ物やストレスなどとの因果関係が見えてくる。

簡単なメモ程度でも、一日に食べた物や、行動を書き付けておけば、自分の生活パターンが解るので、ダイエットや健康管理に役立つだろう。

一日に一回くらいは、自分の肉体に意識を向ける習慣をつけておけば、大事に至らないですむだろう。

外にばかり意識を向けて、自分の心と身体を疎かにすると、病気の進行に気付かず、手遅れになるかもしれない。

本当に自分を大事にしたいなら、身体の声に耳を傾けてみると、身体の要求が解るだろう。食べ物も、身体が要求する物を何となく食べたくなる。休息も、運動も、自分の身体に相談して決めれば間違いはない。他人の方法をそのまま自分に当てはめても、同じ効果が得られるとは限らない。

自分という人間は、この宇宙にたった一人しかいない。他の人と同じところもあれば、全く違うところもある。

流行に左右されずに、自分にとって本当にいいものを選んであげたい。

暴飲暴食に走ったり、無理して身体を痛めつけるのは、心のどこかに、『自分なんか生きていてもしょうがない』といった思いが潜んでいるからだろう。

自分は価値のない人間だ。生きていると迷惑なだけだ。などと、心のどこかで思っているのなら、それは大きな間違いだ。

生きる資格のない人や、生きる価値のない人が、今、ここに生命をいただいて生きているはずがない。

宇宙には、意識と意志があり、人間は、その中で活かされている。必要ないものなどこの宇宙のどこにも存在しない。

むしろ、自分に存在価値がないと思っていると、自分も、他人をもないがしろにしてしまう。とりあえず、死ぬ時まで、何とか生き長らえればいいのなら、人生の目的は〝死〟になってしまうだろう。残念だが、魂は永遠に生き続けるので、〝死〟は、三次元から別の次元に移行するだけのものだ。

それでも、今の苦しみから逃れて、天国に行けるのなら、死んだ方がましだと思うかもしれないが、苦しい思いのまま死ねば、苦しい思いのまま、何も変わらない自分が居ることになる。

痛みや苦しみは、誰にでもある。みんなが、重い荷物を背負って生きている。それを清算するのが、人生の一つの目的だ。だが、それはあくまで〝目的の一つ〟であって、全部ではない。

本来の目的は〝生きること〟そのものだけだ。三次元においては、三次元の肉体を持ち、それを使って生きている。肉体を大事にすれば、三次元の生活も楽しく味わえる。今ここに、こうして生きていることが、最高の喜びであり、幸せだ。痛みや苦しみは、乗り超えるために存在している。その先には、必ず至福の何かが待ち受けている。

私達は、どんなに苦しくても、辛くても、必ず、輝く未来を手に入れることができるのだ。それを忘れなければ、今の苦しみも、半減するだろう。我欲のためだけに生きようとすれば、却って、苦しみを増やしてしまう。かといって、自分を犠牲にすれば、自分を殺してしまう。

全体と自分。この両方を幸せにするように考えていれば、道が開けていくだろう。日々の思考が、明るい未来を確信し、全体と自分のバランスのとれたものならば、あえて、願望達成の目標をたてる必要もない。

未来の自分を設定して、それに近付こうとするのも一つのやり方だが、それに縛られ過ぎると、達成できなかった時の苦しみが増大してしまう。

目標に照準を合わせて生きるよりも、今の自分を楽しんでいるうちに、目標に到達している方が、苦しみを負わずにすむだろう。

ゴールに向かって歩いていれば、必ずゴールに行き着ける。途中で、花を観賞しても寄り道をしても、ゴールまでの過程を楽しめれば、それもまた、自分の世界を拡げてくれるだろう。あせらなくとも必ずゴールには着けるのだと、確信していれば不安がなくなる。

目標設定をして、時刻を区切り、何とかして成就させようとすると、逆に、『無理かもしれない、駄目かもしれない』という思いが生まれてしまう。

自分を追い込むのが好きな人はそれもいいだろう。結果がよければ、それでいいのかもしれない。

最近、流行りの願望達成の本などを見ても、これで、一体、何%の人が、思い通りの人生を得られて満足しているのか、統計をとってみたい気分になる。

お伽話《とぎばなし》の〝めでたしめでたし〟の、その後を想像してみたことがあるだろうか。

王子様と貧乏な娘が結婚すると、本当に、幸せになれるのかどうか。

夢を壊すようだが、現実的には、いろいろな問題が起きてくるだろう。

願望成就したつもりが、さらなる苦労を背負いこむことも、有り得るだろう。

自分にとって、本当の幸せとは何かを、見極めるには、物欲的幸せを、一度、手離してみるのも、いいかもしれない。

身体の健康にしても、病気が悪いと決めつけるのではなく、真の幸せは何かを思い出す機会として、とらえると、別の何かが見えてくる。

「健康になりたい」と思い続けている人ほど、健康ではない。

「ガンなのよ」と笑っている人に出会ったことがある。

病気が人を不幸にするのではないようだ。

健康な人でも、不幸だと感じている人は、たくさんいるだろう。

今の私は歳もとり、健康とはいえない状態で、いわゆる負け犬かもしれないが、若くて健康だった頃より、心は穏やかで安らかだ。

世間から認められようとも思っていない。

必要なものは、いつも手に入ってしまうので、物質的にも、何の不自由もない。お金はないし、貯金は0だ。

病気の時には、明日死ぬかもしれないとも思ったが、とりあえず、今は生きているので、それでいいことにした。お陰様で、身体も快復に向かっているようで、心をとらえて離さないような心配事は何一つない。

どんなことも、囚われ過ぎると、望む方向とは逆になってしまうようなので、今の自分が病気なら、その病気を観察して楽しんでしまおう、と思っている。
今までしてきた苦労が全部、考えるための材料だったように思えて、本当に知りたかったことを教えてもらってきたことに、心から感謝している。

（ひふみ神示より抜粋）
第十四帖（四四一）
日本には五穀、海のもの、野のもの、山のもの、皆人民の食ひて生くべき物、作らしてあるのぢゃぞ。日本人には肉類禁物ぢゃぞ。今に食物の騒動激しくなると申してあること忘れるなよ、今度は共喰となるから、共喰ならんから今から心鍛へて食物大切にせよ、食物おろがむ所へ食物集るのぢゃぞ。ひたすらに神にすがりてお詫びせよそれより外に今は道なし。外国を日本の地面にせなならん、日本とにほんと取り違ひすな。何事も神第一ぞ神よそになすこと云ふことスコタンばかりぢゃ。分け隔てあると思ふは我が心に分け隔てあるからぢゃぞ、世界中のそれぞれの国皆氏神様、産土様愈々天の命令通りにかかり下されよ、もう待たれん事に時節参りて居るぞ、世界の人民皆泥海の中に住んでいるのぢゃぞ、元の水流して清めてやらねばならんなり、泥水を泥水と知らずに喜んでゐるので始末に困るぞ、清い水に住めん魚は誠の魚ではないのぢゃぞ。つらい役は因縁のミタマに致さすぞ。心得なされるがよいぞ。十一月十七日、ひつ九のかミ。

第八帖（三二八）

直会《なおらい》も祭典《まつり》の中ぞ。朝の、夕の、日々の人民の食事皆直会ぞ。日々の仕事皆まつりぞ。息すること此の世の初めのまつりぞ。まつれまつれと申してあろが。おはりの御用ははじめの御用ぞ。まつりの御用ぞ。オワリノ十ノヤマにまつり呉れよ。世につげて呉れよ。役員皆宮つくれよ。宮とは人民の申す宮でなくてもよいのざぞ。一の宮、二の宮、三の宮と次々につくり呉れよ。道場も幾らつくってもよいぞ。神の申した事なさば成るのざぞ。宮と道場つくり神示読んでまつれまつれ、まつり結構ぞ。奥山にはオホカムツミの神様もまつり呉れよ。守りは供へてから皆に下げて取らせよ。五柱、七柱、八柱、十柱、十六柱、二十五柱、三十三柱、三十六柱、四十七柱、四十八柱、四十九柱、五十柱、五十八柱、五十九柱、世の元ぞ。八月の二日。アメのひつくの神。

第八帖

四ッ足を食ってはならん、共喰となるぞ、草木から動物生れると申してあろう、神民の食物は五穀野菜の類であるぞ。今の人民の申す善も悪も一度にひらいて、パッと咲き出るのが、次の世の新しき世の有様であるぞ、取違いせぬように、悪と申しても魔ではないぞ、アクであるぞ。大峠の最中になったら、キリキリまひして、助けてくれと押しよせるなれど、その時では間に合わん、逆立してお詫びに来ても、どうすることも出来ん、皆己の心であるからぞ、今の内に改心結構、神の申す言葉が判らぬならば、天地のあり方、天地の在り方による動きをよく見極めて下されよ、納得の行くように致して見せてあるでないか。

第五帖（一一二）

牛の喰べ物たべると牛の様になるぞ、猿は猿、虎は虎となるのざぞ。臣民の喰べ物は定ってゐるのざぞ、いよいよとなりて何でも喰べねばならぬやうになりたら虎は虎となるぞ、獣と神とが分れると申してあろがな、縁ある臣民に知らせておけよ、日本中に知らせておけよ、世界の臣民に知らせてやれよ、獣の喰ひ物くふ時には一度神に献げてからにせよ、神から頂けよ、さうすれば神の喰べ物となって、何たべても大じょうぶになるのぞ、何もかも神に献げてからと申してあることの道理よく分りたであろうがな、神に献げきらぬと獣になるのぞ、神がするのではないぞ、自分がなるのぞと申してあることも、よく分ったであろうがな、くどう申すぞ。八から九から十から百から千から万から何が出るか分らんから神に献げな生きて行けん様になるのざが、悪魔にみいられてゐる人間いよいよ気の毒出来るのざぞ。八月の三十一日、ひつくのか三。

第二十九帖（一三六）

この方オホカムツミノ神として書きしらすぞ。病あるかなきかは手廻はして見れば直ぐ分かるぞ、自分の身体中どこでも手届くのざぞ、手届かぬところありたら病のところ直ぐ分かるであろうが。臣民の肉体の病ばかりでないぞ、心の病も同様ぞ、心と身体と一つであるからよく心得て置けよ、国の病も同様ぞ、頭は届いても手届かぬと病になるのぞ、手はどこへでも届くやうにやりてゐると申してあろうが、今の国々のみ姿見よ、み手届いて居るまいがな、手なし足なしぞ。手は手の思ふ様に、足は足ぞ、これでは病直らんぞ、臣民と病は、足、地に着いておらぬからぞ。足地に着けよ、草木はもとより、犬猫もみなお土に足つけて居ろうがな。三尺上は神界ぞ、お土に足入れよ、青人草と申してあろうがな、草の心に生きねばならぬのざぞ。尻に帆かけてとぶようでは神の御用つとまらんぞ、お土踏《ふ》まして頂けよ、足を綺麗に掃除しておけよ、足よごれてゐると病になるぞ、足からお土の息《いき》がはいるのざぞ、臍《へそ》の緒の様なものざよ、一人前になりたら臍の緒切り、社《やしろ》に座りて居りて三尺上で神につかへてよいのざぞ、臍の緒切れぬうちは、いつもお土の上を踏まして頂けよ、それほど大切なお土の上堅めているが、今にみな除きて了ふぞ、一度はいやでも応でも跣足《はだし》でお土踏《ふ》まなならんことになるのぞ、神の深い仕組ざからあり難い仕組ざから喜んでお土拝めよ、土にまつろへと申してあろがな、何事も一時に出て来るぞ、お土ほど結構なものないぞ、足のうら殊に綺麗にせなならんぞ。神の申すやう素直に致されよこの方病直してやるぞ、この神示よめば病直る様になってゐるのざぞ、読んで神の申す通りに致して下されよ、臣民も動物も草木も病なくなれば、世界一度に光るのぞ、岩戸開けるのぞ。戦も病の一つであるぞ、国の足のうら掃除すれば国の病直るのぞ、国、逆立ちしてゐると申してあること忘れずに掃除して呉れよ。上の守護神どの、下の守護神どの、中の守護神どの、みなの守護神どの改心して呉れよ。いよいよとなりては苦しくて間に合はんことになるから、くどう気つけておくのざぞ。病ほど苦しいものないであろうがな、それぞれの御役忘れるでないぞ。天地唸るぞ、でんぐり返るのざぞ、世界一どにゆするのざぞ。神はおどすのではないぞ、迫りて居るぞ、九月十三日、一二〇。

第二帖

大君の勅にみそぎし今朝の太陽《ひ》を吸ふ。日々の人民の御用が神の御用と一致するように努力せねばならん、一致すればうれしうれしで暮しむきも何一つ足らぬものなくなってくるぞ、食物がよろこんで飛び込んでくるぞ、着るものが着てくれと飛び込んでくるぞ、住居も出来てくるぞ。心のそれぞれも同様ぞ。

第三十三帖（六九〇）

新玉の真珠の波も草も木も春立ちそめてよみかへりけり

今の科学は科学のことは判るがそれより上のことは判らん。今の科学はあるものがあると云ふことだけしか判らんのぢや。よい求めにはよい感応、よい感応によい働き、よい理解となり、よい生活生れる。間違つた求めには間違つた神、間違つた生活生れるぞ。道理ぢやナア。窮屈であってはならん。しかつめらしく固くなつてゐてはならんぞ。笑ひの道、喜びの道にこそ神のハタラキあるのぢや。宿命は宿されたもの。一つのワクに入つてゐるのであるぞ。運命は自分で切りひらくこと出来るぞ。磨け磨け、ミタマ磨き結構。信念だけでは行詰るぞ。

補 帖 (七八七)

病、ひらくことも、運、ひらくことも、皆己れからぢや。と申してあろう。誰でも、何でもよくなるのが神の道、神の御心ぢや。親心ぢや。悪くなると云ふことないのぢや。迷ひが迷ひ生むぞ。もともと病も不運もない弥栄のみ、喜びのみぢや。神がよろこびぢやから、その生んだもの皆よろこびであるぞ。この道理よくわきまえよ。毎日々々、太陽と共に、太陽について起き上れよ。その日の仕事、与へられるぞ。仕事いのちと仕へまつれよ。朝寝するからチグハグとなるのぢや。不運となるのぢや、仕事なくなるのぢや。神について行くことが祈りであるぞ。よろこびであるぞ。食物、食べ過ぎるから病になるのぢや。不運となるのぢや。口から出るもの、入るもの気つけよ。いくさ起るのぢや。人間の病や、いくさばかりでない、国は国の、世界は世界の、山も川も海も、みな病となり、不運となつてくるぞ。食べないで死ぬことないぞ。食べるから死ぬのぢやぞ。

一椀をとつて先づ神に供へよ。親にさゝげよ。子にさゝげよ。腹八分の二分はさゝげよ。食物こそは神から、親から与へられたものであるぞ。神にささげずにむさぶるからメグリつむのぢや。メグリが不運となり、病となるのぢやぞ。運ひらくのも食物つつしめばよい。言つつしめばよい。腹十分食べてはこぼれる。運はつまつてひらけん。この判りきつたこと、何故に判らんのぢや。

さゝげるからこそ頂けるのぢや。頂けたらさゝげると今の人民申してゐるが、それがウラハラと申すもの。衣類も家も土地も、みな神から頂いたのでないぞ。あづけられてゐるのであるぞ。人民に与へられてゐるものは食物だけぢや。日のめぐみ、月のめぐみ、地のめぐみだけぢやぞ。その食物節してこそ、ささげてこそ、運ひらけるのぢや。病治るのぢや。人民ひぼしにはならん。心配無用。食物、今の半分で足りると申してあらうが。遠くて近いものヒフミの食べ方して見なされよ。運ひらけ、病治つてうれしうれしと輝くぞ。そんなこと位で、病治つたり、運ひらける位なら、人民はこんなに苦しまんと申すが、それが理屈と申すもの。理屈悪と申してあるもの。低い学に囚われたメクラ、ツンボと申すものぞ。

理屈すてよ。すててやつて見なされ。みなみな気づかん理《ミチ》、気つかん病になつてゐるぞ。ツキモノがたらふく食べてゐることに気づかんのか。食物節すればツキモノ改心するぞ。先づ百日をめあてに、百日過ぎたら一年を、三年つづけたら開運間違ひなし。病もなくなつてうれしうれしとなるぞ。三年目、五年目、七年目ぞ、めでたいナア、めでたいナア。六月九日、ひつくの神。

第二十五帖（八一二）

食物は科学的栄養のみに囚われてはならん。霊の栄養大切。自分と自分と和合せよと申してあるが、肉体の自分と魂の自分との和合出来たら、も一段奥の魂と和合せよ。更に、又奥の自分と和合せよ。一番奥の自分は神であるぞ。高い心境に入ったら、神を拝む形式はなくともよいぞ。為すこと、心に浮ぶこと、それ自体が礼拝となるからぞ。

山も自分、川も自分、野も自分、海も自分ぞ。草木動物悉く自分ぞ、歓喜ぞ。その自分出来たら天を自分とせよ。天を自分にするとはムにすることぞ。〇に化することぞ。ウとムと組み組みて新しきムとすることぢゃ。

第三十一帖（八一八）

足のうらをきれいに掃除なされよ。外から見えん所がけがれてゐるぞ。日本の国よ、そなたも同様、世界よ、そなたも同様ぞ。イヅモの神の社をかへて竜宮（理由空云）の乙姫（音秘）様のお社を陸（理空）につくらねば、これからの世はうごきとれんことになるぞ。一切が自分であるぞと云うことは例へでないぞ。そなたは、食物は自分でないと思うてゐるが、食べるとすぐ自分となるでないか。空気も同様、水も同様ぞ。火も同様、大空もそなたぞ。山も川も野も海も、植物も動物も同様ぞ。人間は横の自分ぞ。神は縦の自分ぞ、自分を見極めねばならん。自分をおろそかにしてはならん。一切をうけ入れねばならんぞ。一切に向って感謝しなければならんと申してあろうが。三十一年一月三日。

第十一帖（七九八）

病むことは神から白紙の手紙を頂いたのぢゃと知らしてあろう。心して読めよ。ありがたき神からの手紙ぞ。おろそかならん。

腹八分、二分は先づさゝげよ。運ひらけるぞ。病治るぞ。

第五帖（六六二）

人民栄えて行くことは、神、弥栄のことぞ。神も人民も、世界も、宇宙も、総ていつまでも未完成ぞ。神様でも大神様は判らんのであるぞ。只、よろこびに向つてひたすらに進んで行けばよいのであるぞ。正しき喜びを先づ見極めよ。見きわめてひたすらに進めばよいのぢや。食物を食べるのも喜びであるぞ。正しき食物正しく食べよ。更に喜びふへて弥栄へるのぢや。自分の喜びを進め進めて天国へ入ること出来るのぢや。悪い食物悪く食べるから悪くなるのぢや。目に見へる食物ばかりでないぞ。何も彼も同様ぞ。人民は喜びの子と申してあろう。罪の子でないぞ。うれしうれしの道あるに、何故歩まんのぢや。

第二帖（二三八）

キつけてくれよ、キがもとざぞ、キから生れるのざぞ、心くばれと申してあろが、心のもとはキざぞ、総てのもとはキであるぞ、キは⦿《よろこび》ざぞ、臣民みなにそれぞれのキうへつけてあるのざぞ、うれしキはうれしキことうむぞ、かなしキはかなしキことうむぞ、おそれはおそれうむぞ、喜べば喜ぶことあると申してあろがな、天災でも人災でも、臣民の心の中にうごくキのままになるのざぞ。この道理わかるであろがな。爆弾でもあたると思へば当たるのざぞ、おそれるとおそろしことになるのざぞ、ものはキから生れるのざ、キがもとぞ、くどくキづけておくぞ。ムのキ動けばムくるぞ、ウのキうごけばウ来るぞ、どんな九十でもキあれば出来るぞ、キからうまれるぞ、勇んで神の御用つとめて下されよ。十二月三十一日、⦿の一つ九⦿。

第九帖（一四六）

ひつくの神にひと時拝せよ、神のめぐみ身にも受けよ、からだ甦るぞ、神の光を着よ、み光をいただけよ、食べよ、神ほど結構なものないぞ、今の臣民日をいただかぬから病になるのざぞ、神の子は日の子と申してあろがな。九月二十日、ひつ九のか三。

第五帖（六六二）

その人その人によつて、食物や食べ方が少しづつ違ふ。身体に合わんもの食べても何にもならん。かえつて毒となるぞ。薬、毒となることあると気つけてあろうが。只歩きまわつてゐるだけではならん。ちやんとめあてつくつて、よい道進んで下されよ。飛行機あるに馬に乗つて行くでないぞ。額に先づ気あつめて、ハラでものごとを処理せねばならんぞ。形ある世界では形の信仰もあるぞ。偶像崇拝ぢやと一方的に偏してはマコトは判らんぞ。

第九帖（七二六）

ウムと申すことは、自分をよりよく生長さすこと。一つ生めば自分は一段と上に昇る。この道理わかるであろうがな。産むことによつて、自分が平面から立体になるのであるぞ。毎日、一生懸命に掃除してゐても、何処かにホコリ残るもんぢや。まして掃除せん心にホコリつもつてゐること位、誰にでも判つてゐるであろうが。神示で掃除せよ。大病にかかると借金してでも名医にかかるのに、霊的大病は知らん顔でよいのか。真仰を得て霊的に病気を治すのは、一瞬には治らんぞ。奇蹟的に治るとみるのは間違ひ。迷信ぞ。時間もいり手数もいる。物も金もいる。大き努力いるのであるぞ。取違ひ多いのう。

第十二帖（二六九）

みぐるしき霊にはみぐるしきもの写るぞ、それが病の元ぞ、みぐるしき者に、みぐるしきタマあたるぞ、それで早う洗濯掃除と申してくどう気付けておいたのぞ。神のためしもあるなれど、所々にみせしめしてあるぞ、早う改心して呉れよ、それが天地への孝行であるぞ、てんし様への忠義であるぞ、鎮魂《ミタマシズメ》には神示読みて聞かせよ、三回、五回、七回、三十回、五十回、七十回で始めはよいぞ、それで判らぬ様なればお出直しで御座る。三月十五日、ひつぐの神。

第六帖

わざわひと言ふものは無いのであるぞ、光をわすれ、光にそむくから、イヤな事がおこるのぢや、影がさすのぢや、禍とか悲しみとか言ふくらい（暗い）ものがないのがマコトであるぞ、中心は無と申してあろう。中心は見えんから、判らんから、外のカスばかり見てゐるからつまらんことで、つまらんことが起ってくるのぞ、その見えぬ力が永遠の生命と現われるのであるぞ、見えるものは有限ぢや。この世の大泥棒をタカヤマぢやと申して、この世を自由にさせておいてよいのか、元の元の元をよく見極め、中の中の中の見えぬものを掴《つか》まねばならんぞ、そこから正さねば外側からばかり清めても何もならん。

第二十二帖（三二三）

世変りたら生命長くなるぞ。今迄上にあがりて楽してゐた守護神は大峠越せん事になるぞ。肉体あるうちに改心しておかんと、霊になっての改心なかなかぞ。悪も御苦労の御役。此の方について御座れ。手引いて助けてやると申してあろが。悪の改心、善の改心、善悪ない世を光の世と申すぞ。七月八日、アメのひつくのかみ。

第三十五帖（七七）

何もかも持ちつ持たれつであるぞ、臣民喜べば神も喜ぶぞ、金《きん》では世は治まらんと申してあるのにまだ金追うてゐる醜《みぐる》しい臣民ばかり、金は世をつぶす本ぞ、臣民、世界の草木まで喜ぶやり方は◉の光のやり方ぞ。臣民の生命も長うなるぞ、てんし様は生き通しになるぞ、御玉体《おからだ》のままに神界に入られ、またこの世に出られる様になるぞ、死のないてんし様になるのぞ、それには今のやうな臣民のやり方ではならんぞ、今のやり方ではてんし様に罪ばかりお着せしてゐるのざから、この位不忠なことないぞ、それでもてんし様はおゆるしになり、位までつけて下さるのぞ、このことよく改心して、一時も早く忠義の臣民となりて呉れよ。
八月の三日、ひつ九の◉。

第九帖

平等とか公平とか申すのは悪魔のワナであるぞ、天地をよくみよ、人民の申す如き平等も公平もないであろうがな、一寸のびる草もあれば一尺のびる草もあるぞ、一寸の草は一寸が、一尺の草は一尺が頂天であるぞ。これが公平であり平等と申すもの。人民は選挙と申すマヤクに酔ってゐるぞ、選挙すればする程、本質から遠ざかるぞ。他に方法がないと定めてかゝるから、悪魔に魅入られてゐるから判らんことになるぞ。世は立体であるのに平面選挙していては相成らんぞ。平面の数で定めてはならん、立体の数に入れよ。

第十四帖

一升マスには一升入ると思ってゐるなれど、一升入れるとこぼれるのであるぞ、腹一杯食べてはならん、死に行く道ぞ、二分を先づ神にささげよ。流行病は邪霊集団のしわざ、今にわからん病、世界中の病はげしくなるぞ。

第二十五帖（一九八）

ハジメ⦿《ヒツキ》ノクニウミタマヒキ、⦿《ヒ》ノクニウミタマヒキ、☽ノクニウミタマヒキ、ツギニクニウミタマヒキ。

神に厄介掛けぬ様にせねばならんぞ。神が助けるからと申して臣民懐手してゐてはならんぞ、力の限り尽さなならんぞ。⦿《ヒツキ》と⦿とは違ふのざぞ。臣民一日に二度食べるのざぞ、朝は日の神様に供へてから頂けよ、夜は月の神様に捧げてから頂けよ、それがまことの益人ぞ。

十一月二十一日、一二⊙。

六部　終わりに

前章でも書いたように、人間の肉体を健康に保つためには、地球環境も大切だ。普段、何げなく生活していると、自分達が大自然の恩恵をいただき、生かされているのを忘れてしまう。

SF映画のように、巨大な宇宙ステーションの中で暮らすとしたら、心身共に健康でいられるのだろうか。

食糧を永続的に得るために、必要な条件を考えただけでも、現在の科学では、当低無理だろう。

米一粒作るにも、土と水と空気と太陽光が必要であり、しかも、土の中の微生物や、様々な養分がなければ、一粒の米も結実しない。

私達がいただいているお米も野菜も肉も魚も、私達自身の肉体も、地球の全営みの集大成のようなものだ。

私は農業経験はないが、農作物を作るために人間が蒔いている肥料程度は、土全体から見れば、少量のものであり、逆に自然のバランスを損う場合もあると感じる。水にしても、雨が何日も降らなければ、人間が少しくらいの水を散布しても、植物の成長に必要な量にはならない。

地球が何十億年もかけて培ってきたものを、百年くらいの寿命で、解明しようとしても難しいだろう。

同じような環境を人工的に造っても、永久に続けていくことはできない。

大自然の循環は、人間の知恵では創り出せないだろう。

地球の水分が、蒸発して空に上がり雲を創り、雨が降る。高い山がなければ、雲は発生しない。山に木があって始めて、降った雨が木の幹を通り、養分のある水が地下水となり、さらに養分を蓄えて川になり海に流れ込む。

山の下にある平野部には、肥沃な土が生まれ、植物が育っていく。

海に流れこんだ栄養分を微生物が食べ、その微生物を魚が食べ、豊かな海が生まれる。

こういった循環が永久に繰り返されることで、一粒の米が実る。毎年、土の養分が補充され、秋の収穫が得られる。

冬に積もった雪が、春には溶けて、川となり田畑を潤し、田植えができる。

自然は、見事な調和を保ち、地球全部の生命を活かし続ける、母星からの援助のない宇宙ステーションが存在できると考えるのは、荒唐無稽だろう。時空と次元を超えるテクノロジーがあれば可能かもしれないが、三次元の肉体がそれに耐え得るかどうかは、解らない。

それはともかく、そういう事態にならないように、地球を大事にした方がよさそうだ。たとえ、今、三次元から五次元へと移行しようとしていたとしても、それは、一歩一歩坂道を上るようなもので、チャンネルを変えるように、一瞬にして変化する訳ではなさそうだ。気が付かないうちに、時々刻々と変化し続けていく意識が、ある日ふと、過去の自分と今の自分を較べた時に、大きな違いを認識できる。

社会事象を見ても、何年か前に当たり前だったことが、今は糾弾されていたり、報道もされなかったことが、今になって暴露されたり、あっさりと政権が交替したり、集合意識が変化したのが、如実に現実化している。

経済最優先で、環境破壊をし続けてきたが、それすらも、もうやめようという気運が高まってきている。

エネルギーも、石油だけに頼らずとも、時給自足でまかなえる技術が出始めてきた。

ソーラー発電、風力発電、水力発電を、各家庭規模で行えば、エネルギーの自給自足率が急速に高まり、石油はいずれ必要なくなるだろう。

自家発電しながら走行する自動車の開発も進んでいるようだ。

これからは、不要な、人体にも環境にも悪影響をもたらす薬物を使用しない、循環型農業の研究が進んでいくだろう。

目先の欲得のみの営利最優先が人類を滅亡の危機に追いやっていると、みんなが理解し始めている。

今では、環境汚染や薬物の使い過ぎで、自分の身が危うくなり、考えざるを得なくなっている状況だとも言えるか。

自然災害も病気も、私達の生き方と、自然の摂理が大幅にずれてしまった時に起きてくる。

目先の欲望を満たす生き方で、自然を破壊し、汚し続けるよりも、自然を大切にして、賢く利用する方法を考え出した方が、末広がりに未来が明るくなっていく。

「ひふみ神示」によれば、今の時代は、「地獄の三段y目」であり、「天国と裏表になっている」そうだ。

確かに、人間として最悪の面が噴き出しているようだ。

クリーニングには、毒出しが必要不可欠であり、深く沈んでいたドロドロのものが、流れ出すことで、浄化されていく。

今、地球はまさに、ドロが流れ出している状況だろう。

これを、いい方向に向かっているととらえるか、悪い方向に向かっているととらえるかは、一人一人の考え方次第だろう。

宇宙の源はワンネスであり、善悪判断はない。人間が何をしたいか、何を選ぶかによって、その通りの世界を創りだしてくれるのが宇宙だ。

自分の選択いかんによって、よくも悪くも未来が変わるとしたら、あなたならどちらを選びたいだろうか。

なぜ、「選びたい」という言い回しを使ったかというと、表面意識の選択と、無意識の選択が一致しない人が多いからだ。

前述した通り、自分の内面と向き合い、クリーニングをして、「口と心と行」の三つを統一しなければ、無自覚のまま、流される方向へと持って行かれてしまうだろう。

我の強過ぎる人も、『自分が特別』と思い込んでいるため、ワンネスに回帰できない。

神を信頼しない人も、人間の欲望を助長することが最善と思い込んでいるため、高次元があると知らずに、そこへ行くことができない。

前述したように、クリーニングの大切さに気付き、自分を浄化して、本当に行きたいと思う方向へ行ってほしい。

今までの地球と同じような三次元の星も、用意されているそうなので、そこで、もう一度、今の自分をやり直しても構わない。

自分と向き合う苦しみから逃れてみても、いつまでも無自覚なふりをして生きてはいけない。いつかは、必ず、ドロドロを洗い流すための作業をしなければならなくなる。

今は、宇宙のエネルギーが、手助けをしてくれる絶好のチャンスとなっている。そのため、逆に、苦しみが凝縮されて、浄化の速度が速まっている。だらだら坂を上るのと、急坂を一気に上るのとの違いだが、どちらを選ぶかは、自分次第だ。

誰一人例外なく、多次元のオーラを身にまとい生きている。

誰一人例外なく、宇宙の源と繋がっている。

それを思い出すだけで、輝く未来を手に入れることができるだろう。

私のイメージによれば、エネルギー問題も食糧問題も、自給自足ができるようになり、お金が必要なくなり、みんなが思いやりの心を持って、安心して楽しく暮らせる世の中がくるように感じている。

そうなる日が、近いように思える。
皆さんは、どう思うだろうか。

（終）

（ひふみ神示より抜粋）

第十帖（二四七）

何事も方便と申して自分勝手なことばかり申してゐるが、方便と申すもの神の国には無いのざぞ。まことがことぞ、まの事ぞ、ことだまぞ。これまでは方便と申して逃げられたが、も早逃げること出来ないぞ、方便の人々早う心洗ひて呉れよ、方便の世は済みたのざぞ、いまでも仏の世と思うてゐるとびつくりがでるぞ、神の国、元の神がスッカリ現はれて富士の高嶺から天地《あめつち》へのりとするぞ、岩戸しめる御役になるなよ。九月の二十日、ひつ九のか三。

第十六帖

メクラの人民がいくら集って相談すればとて、すればする程ヤミとなるのぢや、行詰ってあげもおろしも出来んことになるのぢやぞ、総てを数《カズ》だけで、きめようとするから悪平等となるのぢや、メクラをいくら並べてみても何もならん、早う改心せよ、新しきタマの選挙があるでないか。

第八帖（八八）

山は神ぞ、川は神ぞ、海も神ぞ、雨も神、風も神ぞ、天地みな神ぞ、草木も神ぞ、神祀れと申すのは神にまつらふことと申してあろが、神々まつり合はすことぞ、皆何もかも祭りあった姿が神の姿、神の心ぞ。みなまつれば何も足らんことないぞ、余ることないぞ、これが神国の姿ぞ、物足らぬ物足らぬと臣民泣いてゐるが、足らぬのでないぞ、足らぬと思ふてゐるが、余ってゐるのではないか、上《かみ》の役人どの、まづ神祀れ、神祀りて神心となりて神の政治せよ、戦などは何でもなく鳧《けり》がつくぞ。八月十七日、⊙の一二のか三。

第十二帖（七九九）

逃げ道つくってから追わねばならん。そなたは相手の逃げ道をふさいでギュウギュウ追いつめるから逆うらみされるのぢゃ。逆うらみでは恨みの霊団をつくり出すぞ。

悪を抱けよ。消化せよ。浄化せよ。何も彼も太神の許し給えるものなるが故に存在する。そなたは神にこり固ってゐるぞ。こり固まると動きのとれんことになる。一度そなたのもつ神をすてるとよいぞ。すてると掴《つか》めるぞ。

第十二帖

霊人が地上人に語る時は、その想念が同一線上に融和するが為である。霊人が地上人に来る時は、その人の知る総てを知ることとなるのであるが、その語るのは霊人自身でなくて、霊人と和合して体的の自分に語るので、自分と自分が談話しているのである。霊人は現実界と直接には接し得ない。また地上人は霊界と直接には接し得ないのが原則である。しかし、それぞれの仲介を通じていっても、直接行なうのと同様の結果となるのである。為に地上人は直接なし得るものと考えるのである。地上人の理念の中には霊界が映像されており、霊人の想念の中には現実界が内蔵されている。故に、この二つの世界が一つに見えることもあり得るのである。しかし、映像と実相のへだたりはかなり遠いものである。霊人と地上人との交流において、この間の真相を知らねばならぬし、その互に交される談話に於ても前記の如くであることを知らねばならない。霊人も地上人も、自分自身と語り、自分自身の中に見、且つ聞いているのである。霊人が地上人に憑依したり、動物霊が人間に憑依したりすることは、前記の如き原則によってあり得ないのである。しかし、外部からの感応であり、仲介された二次的交流であっても、その度の強くなった場合、地上人から見れば憑依せると同様の結果を現わすものである。故に、神が直接、人間を通じて人語を発し、または書記するのではなくして、それぞれの順序を経て地上人に感応し、その地上人のもつそれぞれの人語を使用して語り、その地上人のもつそれぞれの文字を使用して神意を伝達することとなるのである。しかし、神の言葉は、如何に地上人を通じて人語としても、その神に通ずる想念を内蔵せぬ地上人には、伝え得ないのである。語れども聞き得ず、読むともその真意は通じ得ないのである。霊人の中には、自分達の住む霊界の他に、別の世界が限りなく存在することを知らず、また、その世界に住む霊人を知らず、また物質世界と地上人を知らない場合もある。それは丁度、地上人の多くが、生前及び死後の世界を信じないと同様である。

第二帖（四四）

今度岩戸開く御用は、人の五倍も十倍も働く人でないとつとまらんぞ。岩戸開くと申しても、それぞれの岩戸あるぞ、大工は大工の岩戸、左官は左官の岩戸と、それぞれの岩戸あるから、それぞれ身魂相当の岩戸開いて呉れよ。慾が出ると分らんことに、盲になるから、神、気つけるぞ、神の御用と申して自分の仕事休むやうな心では神の御用にならんぞ、どんな苦しい仕事でも今の仕事十人分もして下されよ。神は見通しざから、つぎつぎによき様にしてやるから、慾出さず、素直に今の仕事致して居りて呉れよ、その上で神の御用して呉れよ。役員と申しても、それで食ふたり飲んだり暮らしてはならん、それぞれに臣民としての役目あるぞ、役員づらしたら、その日から代りの身魂《もの》出すぞ、鼻ポキンと折れるぞ、神で食うて行くことならんから、呉れ呉れも気をつけて置くぞ。七月の三日　ひつ九の三。みなの者御苦労であったぞ。

第十二帖

地上界に山や川もあるから霊界に山や川があるのでない、霊界の山川がマコトぞ、地上はそのマコトの写しであり、コトであるぞ、マが霊界ぢや、地上人は、半分は霊界で思想し、霊人は地上界を足場としてゐる、互に入りかわって交はってゐるのぞ、このこと判れば来るべき世界が、半霊半物、四次元の高度の、影ないうれしうれしの世であるから、人民も浄化行せねばならん、大元の道にかへり、歩まねばならん、今迄のような物質でない物質の世となるのであるぞ。

第八帖（二二一）

一二三の食物に病無いと申してあろがな。一二三の食べ方は一二三唱《十七》へながら噛むのざぞ、四十七回噛んでから呑むのざぞ、これが一二三の食べ方頂き方ざぞ。神に供へてから此の一二三の食べ方すれば何んな病でも治るのざぞ、皆の者に広く知らしてやれよ。心の病は一二三唱へる事に依りて治り、肉体の病は四十七回噛む事に依りて治るのざぞ、心も身も分け隔て無いのであるが会得る様に申して聞かしてゐるのざぞ、取り違い致すでないぞ。日本の国は此の方の肉体と申してあろがな、何んな宝もかくしてあるのざぞ、神の御用なら、何時でも、何んなものでも与へるのざぞ、心大きく持ちてどしどしやりて呉れよ。集団《まどい》作るなと申せば、ばらばらでゐるが裏には裏あると申してあろが、心配《こころくば》れよ、十二月七日、ひつくのかみふで。

第三帖

わが身をすてて、三千世界に生きて下されよ、わが身をすてると申すことは我《が》をすてること、学をすてることぢや、すてると真理がつかめて大層な御用が出来るのであるぞ、それぞれの言葉はあれどミコトは一つぢやと申してあろうが、ミコトに生きて下されよ。言葉の裏には虫がついてゐるぞ、英語学ぶと英語の虫に、支那語学ぶと支那語の虫に犯されがちぢや。判らねばならんし、中々ながら御苦労して下されよ。大難を小難にすることは出来るのであるが無くなることは出来ん。不足申すと不足の虫が湧くぞ、怒ると怒りの虫ぞ。一生懸命、自分の信じるように、神を少さくして自分で割り切れるように、引きづり降して居るなれど、困ったもんぢや、長くゆったりとした気持ちで神を求めて下されよ。

第十二帖（二八六）

人間心には我があるぞ。神心には我がないぞ。我がなくてもならんぞ、我があってはならんぞ。我がなくてはならず、あってはならん道理分りたか。神にとけ入れよ。てんし様にとけ入れよ。我なくせ、我出せよ。建替と申すのは、神界、幽界、顕界にある今までの事をきれいに塵一つ残らぬ様に洗濯することざぞ。今度と云ふ今度は何処までもきれいさっぱりと建替するのざぞ。建直と申すのは、世の元の大神様の御心のままにする事ぞ。御光の世にすることぞ。てんし様の御稜威輝く御代とする事ぞ。政治も経済も何もかもなくなるぞ。食べるものも一時は無くなって仕舞ふぞ。覚悟なされよ。(正しくひらく道道鳴り出づ、はじめ苦し、展きゐて、月鳴る道は弥栄、地ひらき、世ひらき、世むすび、天地栄ゆ、はじめ和の道)世界の臣民、てん詞様おろがむ時来るのざぞ。邪魔せずに見物いたされよ、御用はせなならんぞ。この神示読めよ、声高く。この神示血とせよ、益人となるぞ。天地まぜこぜとなるぞ。六月十二日、みづのひつ九の⦿。

第二帖(一七五)

三千年三千世界乱れたる、罪やけがれを身において、此の世の裏に隠《か》れしまま、此の世構ひし大神のみこと畏み此の度の、岩戸開きの御用する、身魂は何れも生きかはり、死にかはりして練りに練り、鍛へに鍛へし神国の、まことの身魂天駈り、国駈ります元の種、昔の元のおん種ぞ、今落ちぶれてゐるとても、軈《やが》ては神の御民とし、天地《あめつち》駈けり神国の、救ひの神と現はれる、時近づきぬ御民等よ。今一苦労二苦、とことん苦しき事あれど、堪へ忍びてぞ次の世の、まこと神代の礎と、磨きて呉れよ神身魂、いやさかつきに栄えなむ。みたまさちはへましまさむ。旧九月二日、ひつ九のか三。

第一帖（三三四）

天の日津久の大◉《かみ》のお神示《ふで》であるぞ、特にお許しもろて書きしらすぞ。十二の巻説いて知らすのであるぞ、此の巻アメの巻と申せよ、此の度は昔から無かりた事致すのであるから人民には判らん事であるから素直に致すが一等ざぞ、惟神《かんながら》の道とか神道とか日本の道とか今の臣民申してゐるが、それが一等の間違ひざぞと申してあろが、惟神《かんながら》とは神人共に融合った姿ざぞ。今の臣民神無くして居るでないか、それで惟神も神道も無いぞ、心大きく、深く、広く持ちて下されよ、愈々となるまでは落しておくから見当とれんから、よくこの神示読んでおいて下されよ。世界ぢゅうに面目ない事ないよにせよと申してあろが。足元から鳥立ちてまだ目覚めんのか、神示《ふで》裏の裏までよく読めと申してあろがな。此の道は只の神信心とは根本から違ふと申してあろが、三千世界の大道ざぞ。所の洗濯と身魂の洗濯と一度になる所あるぞ「イスラ」の十二の流れの源泉《みなもと》判る時来たぞ。命がけで御用つとめてゐると思ふて邪魔ばかり致しておろがな、金や学や智では大峠越せんぞ。神はせよと申すことするなと申すこともあるのぞ、裏の裏とはその事ぞ、よく心得て下さりて取違ひいたすでないぞ。手のひら返すぞ返さすぞ、此の度の岩戸開きは人民使ふて人民助けるなり、人民は神のいれものとなって働くなり、それが御用であるぞ、いつでも神かかれる様に、いつも神かかっていられるようでなくてはならんのざぞ。神の仕組愈々となったぞ。十月十三日、ひつ九のかみ。

第二十七帖（二〇〇）

神の国は生きてゐるのざぞ、国土おろがめよ、神の肉体ぞ。神のたまぞ。道は真直とばかり思ふなよ、曲って真直であるぞ、人の道は無理に真直につけたがるなれど曲ってゐるのが神の道ぞ。曲って真直ぐいのざぞ。人の道も同じであるぞ。足許から鳥立つぞ。愈々が近づいたぞ。世の元と申すものは泥の海でありたぞ。その泥から神が色々のもの一二三で、いぶきで生みたのぞ。人の智ではわからぬ事ざぞ。眼は丸いから丸く見えるのざぞ。この道理わかりたか。一度はどろどろにこね廻さなならんのざぞ。臣民はどない申しても近慾ざから先見えんから慾ばかり申してゐるが、神は持切れない程の物与へてゐるではないか。幾ら貧乏だとて犬猫とは桁違ふがな。それで何不足申してゐるのか。まだまだ天地へ取上げるぞ。日々取上げてゐる事わからんか。神が大難を小難にして神々様御活動になってゐること眼に見せてもわからんか。天地でんぐり返るぞ。やがては富士晴れるぞ。富士は晴れたり日本晴れ。元の神の世にかへるぞ。日の巻終りて月の巻に移るぞ。愈々一二三が多くなるから、今までに出していた神示よく腹に入れておいてくれよ、知らせねばならず、知らしては仕組成就せず、臣民早よ洗濯して鏡に映る様にしてくれよ。今の世地獄とわかってゐるであろがな。今のやり方悪いとわかってゐるであろがな。神まつれと申すのぞ。外国には外国の神あると申してあろが。み戦さすすめて外国に行った時は、先づその国の神まつらねばならんぞ、まつるとはまつろふ事と申してあろが。鉄砲や智では悪くするばかりぞ。神先づまつれとくどう気つけてあるのは日本ばかりではないぞ。此の方の申すこと小さく取りては見当取れんと申してあろがな。三千世界の事ぞ。日本ばかりが可愛いのではないぞ、世界の臣民皆わが子ぞ。わけへだてないのざぞ。この神示よみて聞かしてくれよ。読めば読むほどあかるくなるぞ。富士晴れるのざぞ。神の心晴れるのざぞ。あらたぬし世ぞ。十一月二十三日、一二⊙。

第三十二帖（一六九）

　仕組通りに出て来るのざが大難を小難にすること出来るのざぞ。神も泥海は真っ平ぞ、臣民喜ぶほど神うれしきことないのざぞ、曇りて居れど元は神の息入れた臣民ぞ、うづであるのぞ。番頭どの、役員どののフンドシ締めよ。十月の七日、ひつ九のか三。

第七十七帖（五八八）

不二の仕組とは動かん真理、◎《ウズウミ》のナルト（成答）の仕組とは弥栄の限りなき愛のことであるぞ。神の理《ミチ》に入り、理をふんで居れば、やり方一つで何でもよく、嬉し嬉しとなるぞ。世の元から出来てゐるミタマの建直しであるから、一人の改心でも中々であると申してゐるのに、ぐづぐづしてゐると間に合はん。気の毒出来るぞ。めぐりと申すのは自分のしたことが自分にめぐつて来ることであるぞ。めぐりは自分でつくるのであるぞ。他を恨んではならん。美の門から神を知るのが、誰にでも判る一番の道であるぞ。芸術から神の道に入るのは誰にでも出来る。この道理判るであらうが。審判《サバキ》の廷《ニワ》に出たならば、世界は一人の王となるぞ。御出まし近うなつたぞ。自分よくして呉れと申してゐるが、それは神を小使に思うてゐるからぞ。大きくなれよ。（一月三日）一二十

第二十帖（一二七）

神の世と申すのは、今の臣民の思ふてゐるやうな世ではないぞ、金《きん》は要らぬのざぞ、お土からあがりたものが光りて来るのざぞ、衣類たべ物、家倉まで変るのざぞ。草木も喜ぶ政治と申してあらうがな、誰でもそれぞれに先きの分る様になるのぞ。お日様もお月様も海も山

も野も光り輝いて水晶の様になるのぞ。悪はどこにもかくれること出来ん様になるのぞ、ばくち、しょうぎは無く致すぞ。雨も要るだけ降らしてやるぞ、風もよきやうに吹かしてやるぞ、神をたたえる声が天地にみちみちてうれしうれしの世となるのざぞ。八月の七日、ひつ九のか三ふで。

第十五帖

今に大き呼吸も出来んことになると知らせてあろうが、その時来たぞ、岩戸がひらけると言ふことは半分のところは天界となることぢや、天界の半分は地となることぢや、今の肉体、今の想念、今の宗教、今の科学のままでは岩戸ひらけんぞ、今の肉体のままでは、人民生きては行けんぞ、一度は仮死の状態にして魂も肉体も、半分のところは入れかえて、ミクロの世の人民としてよみがへらす仕組、心得なされよ、神様でさへ、この事判らん御方あるぞ、大地も転位、天も転位するぞ。

第十六帖

マコトでもって洗濯すれば霊化される、半霊半物質の世界に移行するのであるから、半霊半物の肉体とならねばならん、今のやり方ではどうにもならなくなるぞ、今の世は灰にするより他に方法のない所が沢山あるぞ、灰になる肉体であってはならん、原爆も水爆もビクともしない肉体となれるのであるぞ、今の物質でつくった何物にも影響されない新しき生命が生れつつあるのぞ。岩戸ひらきとはこのことであるぞ、少し位は人民つらいであろうなれど勇んでやりて下されよ、大弥栄の仕組。

第七帖（七九四）

大奥山は神人交流の道の場である。道は口で説くものではない。行ずるものである。教は説かねばならない。多数決が悪多数決となるわけが何故に判らんのぢゃ。投票で代表を出すと殆んどが悪人か狂人であるぞ。世界が狂ひ、悪となり、人民も同様となっているから、その人民の多くが選べば選ぶ程、益々混乱してくるのであるぞ。

それより他に人民の得心出来る道はないと申してゐるが、道はいくらでもあるぞ。人民の申してゐるのは平面の道、平面のみでは乱れるばかり、立体にアヤなせば弥栄えて真実の道が判るのぢゃ。ぢゃと申して独裁ではならん。結果から見れば神裁ぢゃ。神裁とは神人交流によることぞ。（十二月二十五日）

神はうそつきぢゃと人民申しても、悪い予言はうそにしたいので日夜の苦労、こらえられるだけこらえてゐるのである。もう、ものばかりでは始まらんこと。キンでは治まらんこと、平面のみでは駄目であること、よく判ってゐるのにカブトぬげん神々様よ、気の毒が来ぬ前に改心結構。遠くからでは判らんし、近づくと迷うし、理屈すてて神にほれ参らせよ。よくこの神をだましてくれたぞ、この神がだまされたればこそ、太神の目的なってくるのぢゃ。細工はりゅうりゅう仕上げ見て下されよ。

区別すると力出るぞ、同じであってはならん。平等でなくてはならんが、区別なき平等は悪平等である。天に向かって石を投げるようなことは、早くやめねばならん。霊かかりもやめて下されよ。

人民が絶対無と申してゐるところも、絶対無ではない。科学を更に浄化弥栄させねばならん。空間、時間が霊界にないのではない。その標準が違うから無いと考えてよいのである。奥山は奥山と申してあろう。いろいろな団体をつくってもよいが、何れも分れ出た集団、一つにしてはならん。奥山はありてなきもの、なくて有る存在である。

奥山と他のものとまぜこぜまかりならん。大き一つではあるが別々ぞ。今迄になかった奥山のあり方、判らんのも無理ないなれど、これが判らねばこの度の大神業、判りはせんぞ。

第十帖（三六一）

これからは、人民磨けたら、神が人民と同じ列にならんで経綸《しごと》致さすから、これからは恐しい結構な世となるぞ。もう待たれんから、わからねばどいてみて御座れと申してあろが、わからんうちに、わかりて下されよ。肉体のあるうちには、中々改心は出来んものぢゃから、身魂にして改心するより外ない者沢山あるから、改心六ヶ敷いなれど、我慢してやりて下されよ。時節には時節の事もいたさすぞ。時節結構ぞ。二月十六日、ひつぐの⦿。

第十二帖（四三九）

万物の長とは神の臣民の事であるぞ、世界の人民も皆万物の長であるが、この世の神は臣民ぢゃぞ、神に次いでの良き身魂《みたま》ぞ、臣民は地《くに》の月日の神様ざぞ。火の粉でやけどするなよ、気付けおくぞ、世に出てゐる守護神のする事知れてゐるぞ。元の生神様御一方御力出しなされたら手も足も出んことになるのぢゃ、神力と学力とのいよいよの力くらべぢゃ、元の生神様の御息吹きどんなにお力あるものか、今度は目にもの見せねばならんことになったぞ、肉体ばかりか、魂までのうにならふやも知れんぞ、震へ上るぞ。理が神ぞ。理が神の御用ざと申してあろがな。十一月十六日、ひつ九のかミ。

第五帖（三二五）

何もかも神示読めば判る様になってゐる事忘れるでないぞ、此の仕組云ふてならず、云はねば判らんであろうなれど、神示読めば因縁だけに判るのざぞ。石物云ふ時来たぞ。山にも野にも川にも神まつれと申してあること、忘れるでないぞ、型せと申してあらうが、いづれも仮ざから三千世界の大洗濯ざから、早よ型してくれよ。型結構ぞ。何もかも神人共にするのざぞ。夜明けたら、何もかもはっきりするぞ、夜明け来たぞ。十理《トリ》立てよ。七月二十八日、あめのひつくのかみ神示書。

第六帖（三二六）

今迄の様な大便小便無くなるぞ。不潔と云ふもの無き世となるのざぞ。不潔物無くなるのぞ。新しき神の世となるのざから、神々にも見当取れん光の世となるのざぞ。七月三十一日、あめのひつくのかみ。

第一帖

東は扶桑（二三）なり、日（☉）出づる秋《とき》は来にけり。この巻扶桑（二三）の巻、つづく六の巻を合せて七の巻一百四十四帖の黙示を五十《いせ》黙示と申せよ。

イシもの言ふぞと申してありたが、イセにはモノ言ふイシがあると昔から知らしてあろうがな、五の一四《イシ》がもの言ふのであるぞ、ひらけば五十となり、五百となり、五千となる。握れば元の五となる、五本の指のように一と四であるぞ、このほうを五千の山にまつれと申してあろうが、これがイチラ（五千連）ぞ、五十連《イツラ》ぞ、判りたか、五十連世に出るぞ。

天に神の座あるように、地には人民の座があるぞ、天にも人民の座があるぞ、地に神の座があるぞ。七の印《しるし》と申してあるぞ、七とはモノのなることぞ、天は三であり、地は四であると今迄は説かせてあったなれど愈々時節到来して、天の数二百十六、地の数一百四十四となりなり、伊那那岐三となり、伊那那美二となりなりて、ミトノマグハイして五となるのであるぞ、五は三百六十であるぞ、天の中の元のあり方であるぞ、七の燈台は十の燈台となり出づる時となったぞ、天は数ぞと申してあろう、地はいろは（意露波）であるぞ。判らん者が上に立つこととなるぞ、大グレン目の前、日本のみのことでないぞ、世界中のことであるぞ、今度は三千世界が変るのであるから今迄のようなタテカへではないのであるぞ。何も彼も鏡にうつるのであるぞ。鏡が御神体であるぞ、何もうつらん御神体のカガミは何もならんぞ。

第二帖

なかとみのふとのりとことふとにのりあぐ、

一はいくら集めても一であるぞ、判らんものいくら集めても判らん道理、二は二、三は三であるぞ、一を二つ集めても二にはならんぞ、人民大変な取違いを致して居るぞと申してあろうがな、○《シイ》がもとぢや、◎一《レイ》がもとぢや、むすびぢや弥栄ぢや、よく心得なされよ。世の元、○の始めから一と現われるまでは○を十回も百回千回も万回も、くりかへしたのであるぞ、その時は、それはそれはでありたぞ、火と水（一と三）のドロドロ（十◎〈）であったぞ、その中に五色五頭の竜神（◎—二ん）が御ハタラキなされて、つくり固めなされたのぢや、今の人民は竜神（◎—二ん）と申せば、すぐ横を向いて耳をふさぐなれど、マコトのことを知らせねばならん時ざから、ことわけて申してゐるのぞ、竜神（◎—二ん）とは◎神（理㋹）であるぞ、五色の竜神とは国常立尊の御現われの一《ヒトツ》であるぞ。

戒律をつくってはならん、戒律がなくてはグニャグニャになると思ふであろうなれども、戒律は下の下の世界、今の人民には必要なれど、いつまでも、そんな首輪はいらんぞ、戒律する宗教は亡びると申してあろうがな。

第三帖

高天原に千木高しりて仕へまつらむ。岩戸（言答）のひらけた、その当座は、不合理に思へることばかりでてくるぞ、逆様の世界が、この世界に入り交るからであるぞ、親よりも子の方が早く目さめるぞ、子が親となるぞ、さかさまの世界と申しても悪の世界ではないぞ、霊の世界には想念のまゝにどんなことでも出来るのであるぞ、うれしい、こわい世界が近づいて来ているのであるぞ。

第五帖

全大宇宙は、神の外にあるのでなく、神の中に、神に抱かれて育てられているのである。故に、宇宙そのものが、神と同じ性をもち、同じ質をもち、神そのものの現われの一部である。過去も、現在も、未来も一切が呼吸する現在の中に存し、生前も死後の世界もまた神の中にあり、地上人としては地上人の中に、霊界人にありては霊界人の中に存在し、呼吸し、生長している。故に、その全体は常に雑多なるものの集合によって成っている。部分部分が雑多なるが故に、全体は存在し、力し、弥栄し、変化する。故に、歓喜が生ずる。本質的には、善と真は有であり、悪と偽は影である。故に、悪は悪に、偽は偽に働き得るのみ。影なるが故に悪は善に、偽は真に働き得ない。悪の働きかけ得る真は、真実の真ではない。悪は総てを自らつくり得、生み得るものと信じている。善は総てが神から流れ来り、自らは何ものをも、つくり得ぬものと信じている。故に、悪には本来の力なく、影にすぎない。善は無限の力をうけるが故に、益々弥栄する。生前の世界は有なるが故に善であり、死後の世界も同様である。生前の自分の行為が地上人たる自分に結集して来ている。生前の行為が生後審判され、酬いられているのではあるが、それは、悪因縁的には現われない。そこに、神の大いなる愛の現われがあり、喜びがある。悪因縁が悪として、また善因縁は善として、生後の地上人に現われるのではない。何故ならば、大神は大歓喜であり、三千世界は、大歓喜の現われなるが故にである。地上人的に制限されたる感覚の範囲に於ては、悪と感覚し、偽と感覚し得る結果を来す場合もあるが、それは何れもが弥栄である。これを死後の生活にうつされた場合もまた同様であって、そこには地獄的なものはあり得ない。川上で濁しても川下では澄んでいると同様である。要するに、生前には、地獄がなく、生後にも、死後にもまた地獄はないのである。この一貫して弥栄し、大歓喜より大々歓喜に、更に超大歓喜に向って弥栄しつつ永遠に生命する真相を知らねばならぬ。しかし、天国や極楽があると思念することは既に無き地獄を自らつくり出し、生み出す因である。本来なきものをつくり出し、一を二にわける。だが、分けることによって力を生み弥栄する。地獄なきところに天国はない。天国を思念する処に地獄を生ずるのである。善を思念するが故に、悪を生み出すのである。一あり二と分け、はなれてまた、三と栄ゆるが故に歓喜が生れる。即ち、一は二にして、二は三である。生前であり、生後であり、死後であり尚それらの総ては○である。○は◎であり◉であり、ヽと集約される。故に、これらの総ては無にして有である。人の生後、即ち地上人の生活は、生前の生活の延長であり、また死後の生活に、そのままにして進み行く、立体となり、立々体と進み、弥栄する処につきざる歓喜があり、善悪美醜の呼吸が入り乱れつつ調和して、一の段階より二の段階へ、更に三の段階へと弥栄浄化する。浄化、弥栄することにより、善悪美醜のことごとくは歓喜となる。故に、神の中に神として総てが弥栄するのである。悉《ことごと》くの行為が批判され、賞罰されねばならぬと考える地上人的思念は、以上述べた神の意志、行為、弥栄と離れたものである。歓喜に審判なく、神に戒律はない。戒律は弥栄進展を停止断絶し、審判は歓喜浄化を裁く。このことは神自らを切断することである。裁きはあり得ず戒律はつくり得ず、すべてはこれ湧き出づる歓喜のみの世界なることを知らねばならない。行為は結果である。思念は原因である。原因は結果となり、結果は只、結果のみとして終らず、新しい原因を生む。生前の霊人は、生後の地上人を生む。地上人は死後の霊人を生み、死後人たる結果は、更に原因となりて生前の霊人を生む。㋛は㋨となりて廻り、極まるところなくして弥栄える。以上述べた処によって、これら霊人、地上人、地上人の本体が歓喜と知られるであろう。されば、常に歓喜に向ってのみ進むのである。これは只、霊人や地上人のみではない。あらゆる動物、植物、鉱物的表現による森羅万象の悉くが同様の律より一歩も出です、その極内より極外に至るのみ。故に地上世界の悉くは生前世界にあり、且つ死後の世界に存在し、これらの三は極めて密接なる関係にあり、その根本の大呼吸は一である。生前の呼吸はそのまま生後、死後に通ずる。地上に於ける総ては、そのままにして生前なるが故に、生前の世界にも、家あり、土地あり、山あり、川あり、親あり、子あり、夫婦あり、兄弟姉妹あり、友人あり、また衣類あり、食物あり、地上そのままの生活がある。地上人、地上生活を中心とすれば、生前、死後は映像の如く感覚されるものである。しかし、生前よりすれば、地上生活、物質生活は、その映像に過ぎないことを知らねばならぬ。時、所、位による美醜、善悪、また過去、現在、未来、時間、空間の悉くを知らんとすれば、以上述べたる三界の真実を知らねばならぬ。

あとがき

この本を出版することになってから、周囲の方達の協力がどれほど大切で私を動かす原動力になっているか理解しました。

自分のために努力するのは私にとってはやる気を起こさせるものではなく、他人のため、全体のために努力することは自分を向上させ、意識を変容させていくものでした。

自分を捨てたときに初めて、自分が開くのを感じました。「小我を捨て、大我に融け入る」という、ひふみ神示のことば通りに。

パソコンのタイピングを手伝ってくれたいとこがインターネットで麻賀田神社を見つけて、そのいとこと友人と母と4人で参拝に行きました。その時の写真には白い光の玉が写っていました。雨の日だったのに、全体的に明るい光が写った写真になりました。

樹齢1300年以上という大杉からは、マイナスイオンが大量に降り注いでいるようだといとこが言い、杉の幹にある顔を母が見つけ、本の出版と共に、楽しい思い出となりました。

こんなに静かにたたずんでいる神社に、地球の中心のエネルギーがあるとは、思いもよらないことでした。

このあとがきを書いている今は、２０１０年のお正月です。まるで、暗雲が晴れたかのように、美しく太陽が輝いて、世界を白銀にしています。

光が強くなれば、闇もくっきりと浮き上がってきます。光が真上から降りてくれば、影はできません。光と影の綾なすダンスを、私達自身が踊り続けています。光も闇も一つであり、全部自分であるとわかれば、闇を怖れる必要もなくなります。怖れは、怖れを引き寄せます。愛は、怖れを消し去ります。光と影、陽と陰は、その両方の存在によってエネルギーを生み出す対極です。〈光も影も内包する自分〉を、ありのままに受け入れなければ、常に光や崇高性を追い求め、影を否定してしまいます。バランスがとれていれば、闇に主導権を握られることなく、愛を表現して生きられるでしょう。正剣を振りかざして、闇を葬り去ることは、自分で自分を裁き追いつめてしまうことです。

ひふみ神示が私に教えてくれたことは、普通の人間として、日々を生活していく上で、大変役に立ちました。

この本を読んで下さった皆様が、家族や友人などとの関係を円満にし、身心の健康を取り戻して、心から平穏に生きていかれるよう、お祈り申し上げます。ありがとうございました。

宇宙《うちゅう》の実相《じっそう》

實方《さねかた》みどり

明窓出版

平成二十二年二月二十四日初版発行

発行者 —— 増本　利博

発行所 —— 明窓出版株式会社
〒一六四—〇〇一二
東京都中野区本町六—二七—一三
電話　（〇三）三三八〇—八三〇三
FAX　（〇三）三三八〇—六四二四
振替　〇〇一六〇—一—一九二七六六

印刷所 —— 株式会社ダイトー

ISBN978-4-89634-262-8
http://meisou.com/

光のラブソング

メアリー・スパローダンサー著／藤田なほみ訳

現実《ここ》と夢《向こう》はすでに別世界ではない。
インディアンや「存在」との奇跡的遭遇、そして、9.11事件にも関わるアセンションへのカギとは？

疑い深い人であれば、「この人はウソを書いている」と思うかもしれません。フィクション、もしくは幻覚を文章にしたと考えるのが一般的なのかもしれませんが、この本は著者にとってはまぎれもない真実を書いているようだ、と思いました。人にはそれぞれ違った学びがあるので、著者と同じような神秘体験ができる人はそうはいないかと思います。その体験は冒険のようであり、サスペンスのようであり、ファンタジーのようでもあり、読む人をグイグイと引き込んでくれます。特に気に入った個所は、宇宙には、愛と美と慈悲があるだけと著者が言っている部分や、著者が本来の「祈り」の境地に入ったときの感覚などです。(にんげんクラブHP書評より抜粋)

●もしあなたが自分の現実に対する認識にちょっとばかり揺さぶりをかけ、新しく美しい可能性に心を開く準備ができているなら、本書がまさにそうしてくれるだろう！

(キャリア・ミリタリー・レビューアー)

●「ラブ・ソング」はそのパワーと詩のような語り口、地球とその生きとし生けるもの全てを癒すための青写真で読者を驚かせるでしょう。生命、愛、そして精神的理解に興味がある人にとって、これは是非読むべき本です。(ルイーズ・ライト：教育学博士、ニューエイジ・ジャーナルの元編集主幹)

定価2310円

イルカとETと天使たち

ティモシー・ワイリー著／鈴木美保子訳

「奇跡のコンタクト」の全記録。
未知なるものとの遭遇により得られた、数々の啓示《アドバイス》、
ベスト・アンサーがここに。

「とても古い宇宙の中の、とても新しい星―地球―。
大宇宙で孤立し、隔離されてきたこの長く暗い時代は今、
終焉を迎えようとしている。
より精妙な次元において起こっている和解が、
今僕らのところへも浸透してきているようだ」

◎ スピリチュアルな世界が身近に迫り、これからの生き方が見えてくる一冊。

本書の展開で明らかになるように、イルカの知性への探求は、また別の道をも開くことになった。その全てが、知恵の後ろ盾と心のはたらきのもとにある。また、より高次における、魂の合一性（ワンネス）を示してくれている。
まずは、明らかな核爆弾の威力から、また大きく広がっている生態系への懸念から、僕らはやっとグローバルな意識を持つようになり、そしてそれは結局、僕らみんなの問題なのだと実感している。

定価1890円

高次元の国　日本　　飽本一裕

高次元の祖先たちは、すべての悩みを解決でき、健康と本当の幸せまで手に入れられる『高次を拓く七つの鍵』を遺してくれました。過去と未来、先祖と子孫をつなぎ、自己と宇宙を拓くため、自分探しの旅に出発します。

読書のすすめ（http://dokusume.com）書評より抜粋
「ほんと、この本すごいです。私たちの住むこの日本は元々高次元の国だったんですね。もうこの本を読んだらそれを否定する理由が見つかりません。その高次元の国を今まで先祖が引き続いてくれていました。今その日を私たちが消してしまおうとしています。あ゛ーなんともったいないことなのでしょうか！　いやいや、大丈夫です。この本に高次を開く七つの鍵をこっそりとこの本の読者だけに教えてくれています。あと、この本には時間をゆっーくり流すコツというのがあって、これがまた目からウロコがバリバリ落ちるいいお話です。ぜしぜしご一読を！！！」

知られざる長生きの秘訣／Ｓさんの喩え話／人類の真の現状／最高次元の存在／至高の愛とは／創造神の秘密の居場所／地球のための新しい投資システム／神さまとの対話／世界を導ける日本人／自分という器／こころの運転技術～人生の土台

定価1365円